U0945648

引爆

IP发售与文案高手

彭芳 著

台海出版社

图书在版编目（CIP）数据

引爆：IP 发售与文案高手 / 彭芳著 . -- 北京：台海出版社，2022.10（2023.2 重印）

ISBN 978-7-5168-3394-0

Ⅰ . ①引… Ⅱ . ①彭… Ⅲ . ①网络营销—营销策划—文书—写作 Ⅳ . ① F713.365.2

中国版本图书馆 CIP 数据核字（2022）第 172967 号

引爆：IP 发售与文案高手

著　　者：彭　芳

出 版 人：蔡　旭　　　　封面设计：一本好书
责任编辑：赵旭雯

出版发行：台海出版社
地　　址：北京市东城区景山东街 20 号　　邮政编码：100009
电　　话：010-64041652（发行，邮购）
传　　真：010-84045799（总编室）
网　　址：www.taimeng.org.cn/thcbs/default.htm
E-mail：thcbs@126.com

经　　销：全国各地新华书店
印　　刷：三河市嘉科万达彩色印刷有限公司
本书如有破损、缺页、装订错误，请与本社联系调换

开　　本：710 毫米 ×1000 毫米　　1/16
字　　数：180 千字　　印　　张：15.75
版　　次：2022 年 10 月第 1 版　　印　　次：2023 年 2 月第 2 次印刷
书　　号：ISBN 978-7-5168-3394-0

定　　价：69.80 元

自序

写给即将阅读的你

亲爱的朋友：

见字如面。

在你正式阅读前，有一些心里话想对你说，关于为什么要写这本书，以及这本书能为你带来什么。

开篇想真心感谢培育我的父母、平台，感恩所有支持和帮助过我的人。眼前你看到的这本书，是我整整 14 年的积累和沉淀，是我带团队实战上千场发售，只用内容与发售就成功打造无数个爆款（不花一分钱广告费），创下 10 亿元销售额和辅导创业总裁业绩提升背后的核心秘密。

我自 2009 年开始做互联网运营，一路深一脚浅一脚地走过来，摔了很多次，低谷时一个月销售额仅 58 万元，也爬起来很多次，在“一秒河东，一秒河西”的互联网江湖，我带领的团队十几年如一日活得很坚挺，成为所在领域细分类目前三名；从年销售几百万到三个亿，粉丝从 0 到全网过百万。2013 年，我开始做私域和发售。2017 年，仅凭 28186 个好友把销售额做到 1.3 亿元，单个粉丝价值远超 4000 元，一度在行业中引发热烈反响。

2021 年，我选择高处谢幕从零开始，裸辞创业 30 天，凭一封销售信收款 105 万元。这 14 年的带兵打仗，我总结了一套百万发售实战体系（文案是内核之一），已成功帮助多位创始人提升业绩，其中有人 50 天业绩提升了 33%；有人两个月业绩翻倍，三个月业绩翻五倍；有人一个月利润提升 25%。由于我的销售文案实战功底扎实，加上做了上千场发售，被江湖人称“文案女王”“发售天后”。

然而，我认为这些并不重要，重要的是，这背后的核心逻辑和实战打法，而这本书里有你想知道的答案。而且一旦你去运用，相信你很快就能看到效果。

01

虽然你我未曾谋面，但我也许知道关于你的三件事。

1. 疫情反复，经营困难，为了公司正常运转，为了给员工发工资，你每天都在想办法破局，巴掌大的心里装着磐石般的压力，脸上却依然云淡风轻，深夜一个人时无力感扑面而来。

2. 你写东西靠灵感，没有灵感时很抓狂。虽学了很多文案营销技巧，但学时很兴奋，用时一脸蒙，开始质疑自己不是干这件事的料。

3. 你不喜欢千篇一律的公式化写作，想有自己的风格，你厌倦了用痛点去制造焦虑，却为了把东西卖出去不得不这么做。

以上三点如果你占了其中一点，这本书都能帮你从根上打通。（看完整本书你就会发现，此言不虚。）

你知道吗？曾经一位老师的话，给我留下了很深的印象。他说自己以为文案只有技巧，只有激发欲望刺激成交的术。直到我的出现，他才开始听到有人讲文案心法。那时候他才发现，原来很多人对文案有如此深的误解。

世人对文案的理解、认知终究要进入 3.0 时代：

1.0 理解：文案是话术，是生硬的技巧，是广告。

2.0 理解：文案是驾驭人性、激发欲望、促进成交的策略。

3.0 理解：文案是唤醒至善、用爱成全、成就彼此的人生修行。

为了使这本书真正有价值，我买了市面上超过 50 种书进行深度对比，我惊讶地发现，这些书里都严重缺失一环，而这一环恰好是核心命脉。坦白说，如果你没有弄懂这个核心，其他方法就算是学会了也是浅尝辄止，不知其所以然。

02

这个核心，就是心法。万法归心法，真正让你发生改变的，一定是道，是心法，而不是技巧。

我曾问一个资深专家，为什么市面上的产品不讲这个核心呢？他淡然地回答我，可能这些内容太贵了，是真正的看家本领，很多人舍不得拿出来，至少我在这个行业十多年，没看到一个人这么干过。

这就出现了，这些书里要么只讲道，方法飘在空中落不了地，要么只讲单一的技巧方法，你用起来很吃力，隔一段时间就忘了。充满术的文案，是干涩的，很难引人共鸣。

当我得知真相那一刻，我犹豫了，我的大脑在权衡利弊，因为这本书的核心，是我收费数万课程的精要之一，我是否也应该把它藏起来。

但我的内心很快就坚定地做出了抉择，我应该毫无保留地传授。只有让你懂得这个核心的“1”,后续的“0”才能有效果！这不是值不值的问题，而是该不该的问题。

终于，我做了一个决定，我要写这本书。我写这本书的唯一目的，就是把你真正需要而市面上买不到的顶级心法毫无保留地分享给你，然后再结合实战分析，让你真正理解它，掌握其精髓。原因只有四个字，结缘助人。

一路走来，你会发现这世间有很多八面玲珑、能说会道的人，他们擅攻心术，但这是术。而道，是真诚可靠，是将心比心，是以心换心，是有利他之心。

14 年的实战，我从“心”定义发售营销：真实营销，为爱成交！

我们不要攻心，而是交心，把心交出去！最低的策略是套路，最高的套路是人品。你心里爱多少人，才会有多少人爱你。

03

出版这本书之前，我已经连续写了超过 30 万字的干货，帮助了至少

500 位老板提升了销售额，但这本书里的很多内容从未公开过。

书中有一些是我收费几万元甚至 30 万元的企业咨询的内容，这一次我将首次公开。我很清楚，有些人条件不允许，暂时无法上我的课，我也没有精力带那么多人。现在好了，你很容易就能获得这本书，还能多买几本送给最重要的人，让爱传递下去。

读完这本书，你将收获三个好处。

1. 如果你是创业者，如果你学会核弹级威力的发售系统，不花一分钱，仅靠自己就可以把产品变成爆款，把命运抓在自己手上。

2. 悟透心法，彻底打通自己的心，告别公式化写作和焦虑营销。要想做好发售，百万发售方程式是骨架，文案才是肉，二者缺一不可。写不好文案的人是绝对做不好发售的，你必须在文案这件事上扎实下功夫，心中有爱，笔下有情，下笔才能有收获。

3. 你的内心会通透自在。一切表达皆文案，文案是表象，爱才是真相。你会发现，这不是一本工具书，它值得你放在枕边，静时是陪你修心的智友，动时是陪你征战沙场的宝剑。你会越来越爱内心洒脱、每分钱都赚得心安理得的自己。

你需知道，要想成事，光有“佛祖心”不够，还要修炼“帝王术”。文案高手须掌握这些技能。

发售文案高手 =“佛祖心”（有爱）+“帝王术”（营销策略）+ 平和

这本书侧重培养你的文案内功和发售思维，我把 14 年总结提炼和自创的方法毫无保留地教给你，只有你把内功练好了，发售才能引爆你的销量。希望你踩着我的肩膀达到新高度，你要超过我，才是对我最大的爱。

发售营销，将是你助人达己的“道场”。就现在，闭上眼睛深呼吸三秒，开始享用吧！也许你会发现，困扰你许久的人生问题，突然间“啪”的一声，就解开了。

最后，关于这本书，我还想对你说三句话：

1. 这本书是我实战 14 年的心血，有心法，有技法，实操性很强，你一定要用心读完。如果你实践运用，你一定能看到自己明显的变化。

2. 它不仅是陪你征战沙场的宝剑，更是你疗愈情绪的巧克力，当你能量下滑时，读一读，会有意想不到的惊喜。

3. 我的很多总裁学员，都拿这本书做团队营销、文案写作、销售的培训教材，不仅能提升员工作战技能，还能修得一颗平静的心，做老板的也能少操心。

答应我，如果这本书对你有启发，可以分享给身边重要的人，也许你的一个善举，就能帮他走出迷局。

祝你阅读愉快！

真诚的彭芳亲笔

目·录

CONTENTS

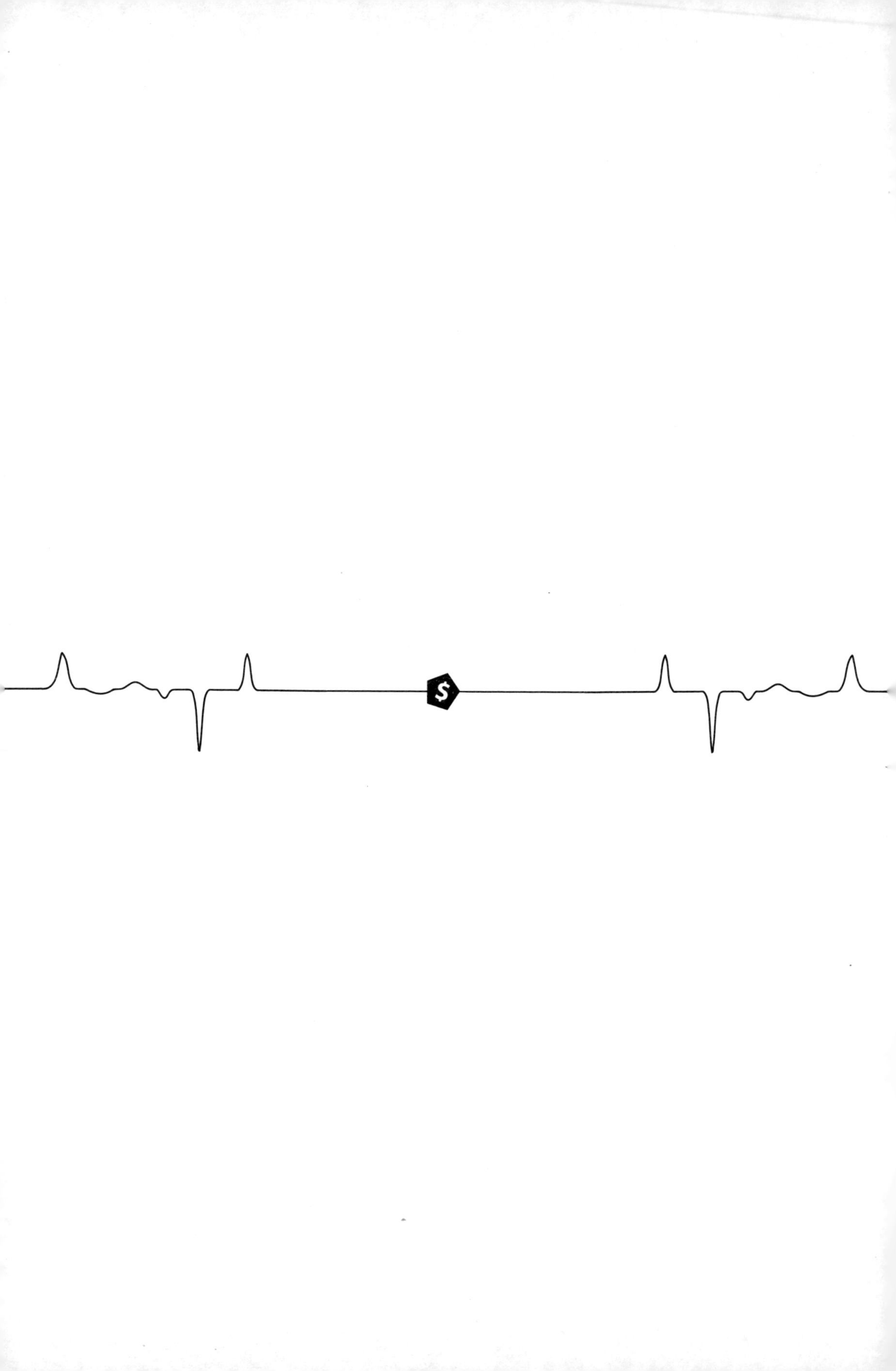

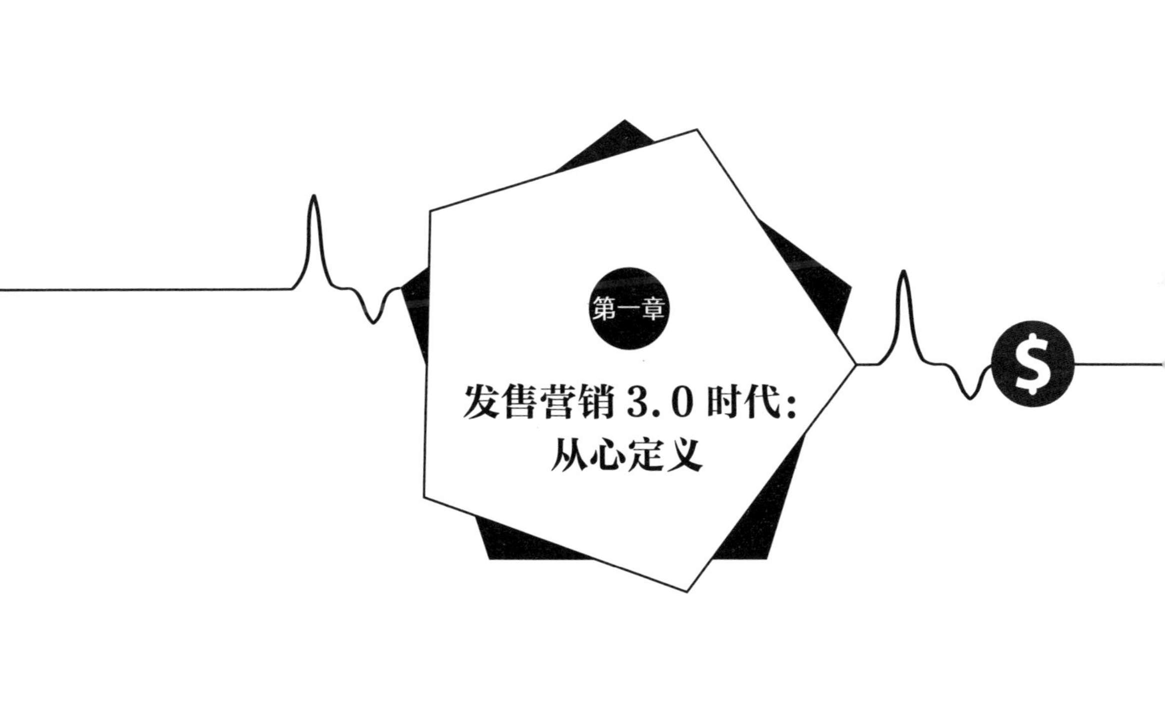

第一章

发售营销 3.0 时代：从心定义

心的指引：真实营销，为爱成交

闭上眼睛回想一下这三个问题，然后开始享受阅读：

1. 你的童年给你留下了哪些精神财富？

2. 哪件事带给你内心极大的转折开始想要创业？

3. 你希望 80 岁大寿那一天，别人怎么评价你这一生？

如果你觉得活着太不容易了，接下来这个故事，可能会给你深入内心的启发和力量。

这是一个农村留守儿童的故事。

我出生在湖南省的一个山村。我从小由爷爷奶奶带大，父母一直外出打工，是一个没有父母陪伴的留守儿童。直到 5 岁时，我才知道谁是我的妈妈，在此之前我一直以为奶奶就是妈妈。我 7 岁就能挑 30 千克的菜，翻过一座座高山，去集市里帮爷爷卖掉。

留守儿童的生活是什么样的？雨天收不到妈妈送来的那把伞；冬天骤然降温，也穿不上妈妈递来的那件外套；想父母难过落泪的时候，也只敢躲在被窝里小声啜泣，怕爷爷奶奶担心；成绩优异抱回一堆奖状想听一句父母的赞美，而推开门迎接我的只有冰冷的墙，那种孤独感像关节炎一样，每当深夜时令我隐隐作痛。

那时的我就有了一个梦想，我要走出去闯出一片天，我要告诉和我一样在农村留守、长大的孩子：山里的孩子虽然看不见光，但你要成为光，山里的孩子吃过太多苦，你要努力给身边人多一点甜。

2009 年 2 月 9 日，我记得非常清楚，我拿着跟亲戚借的 300 元钱，来到了广东珠海，此时身上只剩下 12 元钱。我摸着口袋里的钱，坚定地告诉自己，我一定要干出一番事业。

随后我找了一份工作，干起了互联网运营，因为大学刚好学的就是电子商务专业，也算是专业对口。

而这一干就是 13 年。这 13 年，除了 2015 年我生了一个儿子，坐了 42 天月子外，其他所有时间，我都“带兵在前线打仗”。

2011 年，我刚做完一个不小的手术，正好那会儿公司有事，我住了 3 天院就回去上班了。坐在硬板凳上，术后伤口锥心的痛像针扎一样，痛得我眼泪直打转，我依旧强忍着，下午 6 点下班后去医院做完蓝光，接着又回去上班到夜里 12 点。

2015 年，我由于生孩子宫缩痛了三天两夜造成产后大出血，之后却只休息了 42 天就继续上班。一次在上海出差摆展，从早上 8 点站到下午

6 点，期间一度涨奶，胸部像石头一样，痛却无法言语（所有哺过乳的妈妈应该都能体会那种感受）。

2017 年，公司遭遇严重挑战，我和老板连夜赶往阿里巴巴谈判，事情紧急，如果谈判失败，将给公司造成致命性的损失。

基于特殊性，当时只能由我单独和对方谈判。在一个封闭的办公室，我整整谈了三个小时，最后谈妥解除限制时，我飞奔到老板面前，紧紧地抱着她说:“老大,搞定了,我们没事了。”那一次,我们两个人都哭了……

2018 年，我们归零重启。当时，我们都做好了 2019 年业绩会下滑 30% 的准备，毕竟一个微淘粉丝都没有了，金冠信誉也没有了，一切都要从零开始。但神奇的是，我们 2019 年的业绩不仅没有下降，竟然还提升了 20%！

在大部分人靠灵感摸索着干私域的时候，早在 2015 年我们就已经开启了系统化、流程化、数据化的运营体系，只有这样才能做到规模化。私域精细化运营 + 分层服务 + 发售体系，在这套方法下，基本上卖什么火什么。我们的名气也像雨后春笋般迅速崛起，很多人以为是厚积薄发，却不知我们已经沉淀了数十年。

终于，通过努力，这些年我们做到了：

个人品牌私域粉丝从 0 到过百万，从 0 到 1 打造爆款上千个（不花一分钱广告费），年销售额实现从几百万到将近三个亿。

而那个自卑的曾是农村留守儿童的我，也从基层月薪 1500 元的员工干到了总经理，年薪翻了几十倍。

很多人问我，你这一路是怎么走过来的？

对于这个问题，我从发售营销的角度总结了三个阶段，用来剖析我的这段经历。

第一阶段，卖产品。一味地说产品好，眼里只有自己。恨不得在自己的脑门上贴上个“牛”字，生怕全世界不知道你是卖货的。

第二阶段，卖欲望。为了尽快成交，我会戳对方的痛点，刺激对方内心潜在的欲望。现实中很多人或许也都处在这个阶段。

第三阶段，成就对方。做真实的自己，享受爱的付出。把营销当作人生修行，不想成交只想有所成就。

我也曾因为商品拆封后影响二次销售，为要不要给客户退货而纠结过；也曾因为谁来承担 10 元退货邮费而跟客户讲死理；也曾对那些恶意给差评的用户嗤之以鼻；也曾为了把产品卖得更好，过度宣传产品功效……

直到后来发现，这样做真的太累了，不仅仅是超过了身体所能承受的负荷，精神上也常常感到倦怠。我于是返璞归真，开始把产品缺点说在前，把服务做到最好，把保障做到最全。“同行都在做的叫义务，同行没做的才叫服务。”在这个阶段，我们眼里没有用户，只有家人。

举个例子，在化妆品产品的售后服务上，哪怕是客户一年前买的东西，现在说用了不舒服，我们也会二话不说给客户全额退款，并且给客户补寄最贵的修复套装。

有的客户说不好用想退款，哪怕客户用空瓶了，我们都给退款。原因很简单，既然客户选择了我，一定要为客户负 100% 的责任。爱，不是嘴上说说，而是要付诸行动。这些看似“离谱”的行为，我从不用大脑去权衡值不值，而是问内心该不该。既然是家人，就应该这么做。

你心里是不是想说疯了吧，那得亏多少啊？坦白说，恰恰是“返璞归真”后，我们有了很多意料之外的收获。

我们跟客户的关系好到什么程度？客户生了小孩，第一时间跟我们报喜，然后我们马上寄纸尿裤和奶粉。我们拥有了一大批“铁粉”追随，卖什么火什么，客单价是同行的三倍，但复购数是同行的五倍，我们成为行业细分类目前三，这就是真心换真心的力量。

2021 年 3 月 31 日，35 岁的我带着心中的梦想，选择高处谢幕，裸辞创业，继续闯荡下一个江湖。

你可能会很惊讶，好不容易熬出头，为什么要从零开始呢？

在我看来人这一辈子，赚钱分为三个阶段。

第一阶段，为生存而赚钱。这时候解决的是衣食住行，在意的是自己能不能活下来。

第二阶段，为事业而赚钱。想混出一番事业证明自己，获得认可和赞美，追名逐利。

第三阶段，为修行而赚钱。只想提升自己的修为和智慧，做喜欢的事情，帮自己，也帮别人。

人生本就是一场修行。凡事发生皆为成就。

我们来到这个世界，总该要做点什么，给生命留下一点深刻的意义。

目前的阶段，名利对我来说已经变得不重要，一个 35 岁的女人有梦想、有使命，只想为社会做点有价值的实事。裸辞创业后，我致力于普及发售技术，帮助有使命感的创业者提升利润，让更多中小企业活得更好，用文字和智慧点燃更多生命。

通过这本书，我想把这 14 年一路摸爬滚打总结的智慧分享给你，淋过雨的我想为你撑一把伞，我踩过的坑，不希望你再踩，我能够做得到的，相信你也能做到。

往后余生，我会坚持诚心诚意、正心正念的修行之路，过好以后的每一个日子。用 8 个字从“心”定义文案营销，那就是：真实营销，为爱成交。为何要如此定义，这背后隐藏着很多修行之道，接下来我会告诉你答案。

总结

1.发售营销的三个阶段，第一阶段卖产品，第二阶段卖欲望，第三阶段成就对方。只有真心实意地用爱去成就对方，你才能收到更纯粹的爱的回流和支持。

2.赚钱有三个阶段，为生活，为事业，为修行。人这一辈子，终究要走向为修行而赚钱，只为提升自己的修为和智慧，帮自己，也帮他人。

3.每个人来到世上，都是独一无二的，不管经历了什么，都不要妄自菲薄，你要做的就是做好自己，无愧于心，任他东南西北风，你自岿然不动。

互动思考

这一生，你想成为一个什么样的人？

“真实营销，为爱成交”背后的修行之道

邀请你带着这三个问题阅读：

1. 你现在正在做的事是因为爱还是责任？

2. 你做事的出发点是为了赚钱还是帮助他人？

3. 你发的文案对别人来说是礼物还是打扰？

看完上一节的故事，你是不是很好奇，为什么要从“心”定义“真实营销，为爱成交”呢？

接下来请你屏住呼吸，我将为你揭晓真正的原因。

1. 因果定律，种什么才能得什么

你想收获爱，你必须先付出爱。

人来到世上，不是为了吃喝拉撒，而是为了修行。

稻盛和夫说：“人活着的唯一目的，就是修炼自己的灵魂，让他走的

时候比来的时候等级更高，更纯粹。”

这辈子不管你多拼，到离开的那一刻什么也带不走，功名利禄，豪车豪宅，统统带不走，唯一能带走的是你一辈子的经历和体验。所以人生在世，做任何事情一定要对得起自己的良心。

何为修行？初次听九尾猫的故事，我深受震撼，相信这个故事也能令你有所悟。

传说动物也需要修行。猫自然也在其中。每修炼百年，猫就会多长出一条尾巴，待到九尾方能成仙。

可是，第九条尾巴是极难修到的。当猫修到第八条尾巴时，只要帮助别人达成一个心愿，就会长出一条新尾巴，但从前的尾巴也会脱落一条，这样仍是八尾。命运捉弄，似乎无论如何都无法修炼到九条尾巴。

有一只很虔诚的猫，已经不知道修炼了多少个百年，也不知道帮多少人实现了愿望，但仍然是八条尾巴。它向佛祖抱怨，何时才能修炼得道？佛祖只是笑而不答，它只得继续修炼。

在一个暴风雨的夜晚，它回到藏身的村庄，遇到一个少年被狼群围攻，它立即救下了这个少年。按照规矩，它需要帮少年实现一个愿望，然后脱落一条尾巴，再长出一条新的尾巴，继续它的死循环。

谁知少年说，我没想到要实现什么愿望，你能否陪我回家一趟。于是八尾猫变成一只普通的猫咪，暂且跟少年回到了他家。

在之后的几天里，少年小心翼翼地与八尾猫相处，发现它的眼神里除了看透世事的淡然以外，竟然还有些许悲哀。当他得知猫尾巴循环的秘密之后，不由得心生尤怜。

过了好多天，八尾猫待得不耐烦了，便问少年到底有什么愿望。少年想了想问:“什么愿望都可以实现吗?”八尾猫点了点头。少年一字一句、铿锵有力地说:

“我的愿望就是，你能长出九条尾巴。”

八尾猫愣住了，眼睛里充满了疑惑，所有人都希望达成自己的心愿，为什么你这么奇怪?少年说，几百年前，他的祖先曾被八尾猫救过，家族就留下族训，倘若谁再遇见八尾猫，一定要帮助它长出第九条尾巴!

说完,八尾猫身边被金光围绕,它终于长出了第九条尾巴。这就是“本欲度众生，反被众生度”。

不知道你看完这个故事有什么感触，人性都是自私的，人们在得到命运的眷顾时，所许的愿望都是为了自己，却从不会考虑八尾猫的感受，可那每一条尾巴都要付出八尾猫上百年的修炼。

人生不就如此吗?你能帮助多少人，就会有多少人帮助你；你爱多少人，就会有多少人爱你；你有多成功，取决于有多少人希望你成功。

营销就是最好的“道场”。如果你满脑子都是自己的利益，谁愿意跟随你?

三句话浅谈对因果定律在实际生活中的理解和运用。

（1）种什么得什么，种善因结善果

你想收获爱，先要种下爱。你想收获财富，先要种下财富。你想得到别人的帮助，先要帮助别人。你现在做的任何一件事，都将背上相应的因果。

今日果，昨日因。今日因，明日果。很多人以为今天承受的一切结果都是今天造成的。错了，你今天遭遇的所有事情，缘于你昨天种下的因。比如，你今天创业失败了，生病了，跟最爱的人分手了……这都是你昨天种下的因。

该庆幸不是吗？终于还清了。而你今天如何对待这件事直接决定你明天的果。如果你抱怨、消极，可能会迎来一个更恶的果。如果你积极乐观，善心善念，将会迎来一个善果。你所说的、所做的，你的起心动念，都是因，这些都像 3D 打印机一样，会直接打印出一个结果。

看到这里，好好掂量一下，你还敢不敢消极面对挫折呢？

（2）放下贪嗔痴慢疑，在社会中修口、修眼、修耳、修心、修行

你我都是凡人，如何在社会中修行？其实生活处处都是“道场”，你的工作、家庭、人际关系，统统都是。在社会中我们应做到五项修炼。

修口：善积口德，说良善的话语，春风化雨，不犯口业。

静坐常思己过，闲谈莫论是非，当你闭上嘴巴，苍蝇就永远飞不进来。

当你不开口的时候，恶业就不能对你造成威胁。

修眼：修慧眼，不该看的，要学会避开，眼里要看到干净和美好。

修耳：学会倾听，听比说更智慧。

修心：修善心、平和心、欢喜心、境由心造。

修行：修正行为和念头，知行合一。

从而修到五种状态。

第一，净。

保有一颗干净透亮的心。你的心应该净得像一面湖水一样，可以透过湖面看到水底。如果心不净，就好比湖面乱七八糟，你能看到水底的生物吗？

第二，静。

静能生慧，一旦你的内心开始闹腾，就容易出问题。清除杂念和欲望，适度的欲望会推动你前进，但贪欲太重会让你像蜗牛的壳一样寸步难行，成为欲望的奴隶。

第三，敬。

对万事万物，你都要有恭敬心。感恩所有，以真诚心、恭敬心待人，决不跟人结冤仇。

第四，镜。

“人生，就好比坐在球面镜中心，往四面八方看过去都是自己，你遇见的任何人，其实都是你自己内心投影出来的相。”而你才是投影源。

人生只有两个版本，一个向外求，一个向内求，一个热闹而痛苦，一个平静和自在。

第五，境。

当你对环境没有要求了，你在哪儿，这个环境就是好环境。当你不被外界影响，你就能影响外界。

（3）别人怎么对你是他的事，你怎么对别人是你的事

世上什么事都有可能发生，人之所以力不从心，感到很痛苦，是因为把时间放在了不必要的纠结上。做好自己，别人怎么对你，自有他的因果,你怎么对别人,自有你的因果。你才是唯一对自己的人生负责的人！只要你保持善良，其他一切就顺其自然！

日行一善,一年行三百善。一句鼓励关心的话,一个温暖和煦的微笑，一个举手之劳的帮忙，这都是善！

2. 吸引力法则

只有真心才能换真心。你是真实的，才能吸引真实的人来到你身边。

三句话浅谈吸引力对生活的影响。

（1）这个世界，万事万物都是你自己吸引来的。你是谁，才会遇见谁

你是真诚的，你身边也大都是真诚的人，你是虚伪的，只会遇见比你更虚伪的人。如果你的营销文案里一味吹嘘，充满着利益，你吸引来的人也是这样，你赚钱会非常辛苦。

如果你是希望帮助他人更好地解决问题，真心实意做到解决客户需求，这时候你的信念就能感染到真实的高价值用户。客户会因欣赏你的为人和价值观而来，而不是为了贪一点小便宜。你应该激发人性的希望，而不是欲望。以利相交终不长久，以人相交方能长存。

（2）你接下来会发生什么，大都是你的能量决定的

你的每个念头都具有能量。你的所思所言所行就像打印机，在人生这张图纸上印出你的轨迹。如果你脑袋里总想负面的，就会吸引负面的；如果你脑袋里总想正面的，就会吸引正面的。如果你乐观积极，你的能量就会越来越高，生活会越来越好；如果你总是悲观抱怨，你只会过得越来越辛苦。

有一个说法是，你大脑里的每个念头只要超过 15 秒就会被加持，也就是说，如果你脑袋里的想法是负面的，宇宙会加持这种负面的能量。所以，请保持正能量。

（3）发出正向指令 + 坚定信念 + 持续行动

首先，要发送正向指令。为什么有些人说吸引力定律不管用？是因为有些人发送的请求错了，他们发送的是负向指令。比如你想瘦，不要说我要减肥，而要说我想瘦！比如你想赚钱，不能说我不要穷，而要说我是富有的！这样才是正向指令。

其次，坚定信念，相信自己可以！不管发生什么，都要坚定自己的这份信念。

最后，放平心态，持续平常心的努力。

只在内心祈祷是没用的，你得付诸实践。比如你要购物，客服发链接给你后，直至你填地址、付款，这样才能收到东西，行动是吸引力能否成功的必要因素。更重要的是，持之以恒的努力，放平心态的努力。这样吸引力法则才会对你的人生起作用。

3. 成交的本质是能量的交换，爱是三维空间最大的能量

现在很多人工作做得不开心，追着钱跑，很累却赚不到钱，还会给人迫于成交的感觉，这样能量只会越来越低。

能量越高，成交越容易。爱是三维空间最大的能量。你的文案要像礼物一样出现在别人的世界，要么解决问题，要么给人能量。

王阳明心学说，心即理，知行合一，致良知。遇到任何事先问你的心，而不是头脑。

“每个人有三个我，自我、本我、真我。自我和本我活在头脑里，那是被多年经历教化出来的。而那个原本具足的真我，在你的心里，那是你最强大的内核。”

如果你做事不问是非对错，只计较利益得失，那你就永远活在了头脑的小我里。大脑只是你的工具，心才是主人。举个例子，大脑就像一台电脑，只接收已知信息，进行二元对立分析，权衡利弊。你的心才是主人，才是掌握电脑的那个人。很多人被大脑控制了，遇事永远只在乎利益，把本心弄丢了。

很多人缺的根本不是方法，而是启发，是唤醒。教育的最高境界不是输入，而是唤醒。这就是为什么你学了那么多赚钱的方法，都没赚到钱的原因。如果你的心没有醒来，你学再多方法都没有用。

真实营销，为爱成交，就是要唤醒自己内在的爱。用这份爱，爱自己，爱众生。你是一切的根源，爱是一切问题的答案。只有你不求回报地去付出，爱才能回流到你这里，最终，你才是被成就的那个人。

如何能一点点唤醒内在的爱？

如果你是品牌创始人，每天睡前问一问自己：今天做的事情，对用户有好处吗？用户会喜欢和感动吗？用户会买单吗？

如果你是微商团队队长，每天睡前问一问自己：今天的刷屏对别人有价值吗？

如果你是被刷屏的那个人，你会把这样一个人屏蔽吗？我的文案对别人来说是礼物，还是打扰？

如果你是公司高管，每天睡前问一问自己：今天我为团队贡献价值了吗？今天我帮助他人成长了吗？今天团队为用户解决了什么问题？

爱的桥梁很重要，如果你心中有爱，你就能把产品当成作品，注入情感，设身处地地为用户考虑，用户一定能感受到你的用心。你的起心动念决定文案质量，文案是表象，爱才是真相。当你的商品越来越难卖出去的时候，请问问自己，我为用户做了什么？我对用户有爱吗？我为用户提供价值了吗？如果你什么都没做，凭什么要求用户心甘情愿地购买？

总结

1. 为什么要真实营销，为爱成交？

因为你是真实的，你才能吸引真实。你先种下爱，才能收获爱。爱是世间最大的能量和福报，所有财富、健康、关系，都是爱的显化。

因果定律 + 吸引力法则 + 爱，是三维空间最大的能量。

2. 如果你做任何事，都算计利益得失，你遇见的人可能会比你算计得更狠。如果你心里装的只有自己，你遇见的人，心里也不会装着你。赚人心比赚钱重要一百倍。

互动思考

从现在开始，每晚睡前反思三个问题：

1. 你今天做的最重要的事还可以在哪里做得更好？

2. 你今天的出现，对别人来说是礼物还是打扰？

3. 你为用户贡献价值了吗？用户喜欢你吗？

为爱成交的两种境界

邀请你带着这三个问题热情阅读：

1. 在你心里，什么才叫真正的爱？

2. 如果一个你跟进了很久的客户，最后却跑去了竞争对手那里，你心里是什么感受？是介意还是祝福？

3. 推动你前进的力量是恐惧还是爱？

这世上有太多人以爱为名做着自私自利的事。“爱”这个词快被玩坏了。你可能经常听到有人说，一切成交都是为了爱。那这个爱，究竟是为了爱自己，还是成全他人真心实意爱别人？看完接下来的分析，相信你的心会“啪”地一下被打开。

“真实营销，为爱成交”，这个爱，分为两个层级：

初阶的爱是以回报为前提的付出。你会权衡利弊，考虑值不值，当你付出了而得不到回报的时候，你会失落，会质疑，慢慢地，你就会无法坚持下去。

高阶的爱是选择，是成全，是你内心的指引，你会只问该不该。你完全跳出了大脑给你构建的利益分析，只要你认为应该做，就不会计较回报去做。起心动念，都是为了他人，做了好事，不求回报，输出价值，不求成交，**活在缘分里，而非关系中。**如果你的产品真是客户想要的，那么客户就会选择你。

现实中你肯定见过不少这种情况，很多人认为自己的产品很好，能帮到别人，又迫于成交，于是情不自禁开始高压销售。美其名曰一切成交都是为了爱，却把自己的利益看得比他人重，其实是做了无效努力，客户不舒服，自己也不舒服。

下面这个故事可以帮助你更好地理解。

有两个兄弟，很喜欢攀比谁的威力大。他们一个叫太阳，一个叫风。风觉得自己的威力更大，于是对太阳说："你看到没有，下面那个穿着大衣的人，我能把他的大衣刮下来。"

太阳说："那你就试试呗。"于是大风开始疯狂地、猛烈地刮，一时间狂风大作。可是大风刮得越狠，这人就把大衣裹得越紧。就这样，风刮了半天，也没能让他把大衣脱下来。

这时，太阳缓缓地说："你累了，休息一下，让我来试试。"于是太阳出来了，气温开始慢慢地升起。没过多久，这人就热得受不了了，很快就把大衣脱了下来。

其实你的营销文案就要创造这样的效果，要让客户自己做决定，要让他从内心坚定你是他的最佳选择，而不是对他疯狂地施加压力。

太猛烈的“爱”让人想逃，你必须让他感觉你是真心地对他好，尊重他，让他感觉你是他的最优选择。让客户自主选择，而不是迫于你的高压销售。试问，谁不喜欢跟真诚、相处起来舒服的人合作呢？

高阶的爱，威力到底有多大？接下来给你举一个实战例子。

售价 12800 元的美容仪卖到全日本断货，原因是什么？

一次，我们新上架了一款售价 12800 元的日本美容仪。在此之前我们已经卖过该系列产品第五代，售价将近 9000 元，很多老顾客已经买了。那我们为什么还能将这款新品卖到断货呢？我们做了一件让别人匪夷所思的事。

我们真实地告知用户，新老版本差别在哪里，如果没有这个新功能的需求可以不买新款。如果真要购买新款，旧款一定要合理处理，要么欢喜送人，要么寄回给我们。我们会在粉丝群为它找到下一个主人。如果让我们抓到盲目囤货造成闲置的人，那么他们就会被关进“小黑屋”，以后就不许购买新品了。

当时我们做出这一举动，客户很感动，也没有盲目购买。有真想换新款的客户，旧款我们也帮忙找到了合适的买主。说真的，谁都不愿意把送上门的客户拒之门外，可是谁的钱都不是大风刮来的，我们不能造成过度消费。

没想到，我们这一举措吸引了新客户的信任和点赞，售价 12800 元的美容仪一上架就售罄，位居当时类目第一。

要做到第二阶段，坦白来说一点也不容易，需要一点一点修炼。这取决于你的心的大小。如果你的心与天地同在，你的格局就在天地之间。如果你整天纠结鸡毛蒜皮，那你的格局就只有一个旺旺雪饼那么大。

当你心里装着客户，想的是如何对别人好，你会自然而然、发自肺腑地为客户着想，这已经是一种本能反应了。

付出真的会快乐吗？那为何现实生活中，有很多人一边付出一边抱怨，苦不堪言呢？

付出有三个阶段。

第一阶段，对人好，渴望回馈。你对他好，你也希望他对你同样好。如果没有达到，你会痛苦不堪，你会怀疑自己错付了人。这时候，你的爱是有期待的，有条件的，你的内心是带着评判的。

第二阶段，对人好，渴望回应。我不需要你对我像我对你这么好，但你至少要给点回应，要不然我的真心不是错付了吗？

事实上，回应有时候也是奢侈，你未必如愿，你心不甘情不愿地继续付出着，但你的心里却很煎熬。

第三阶段，对人好，是自我选择，与他人无关。没有期待，没有评判，享受着付出，这个时候，你把幸福的遥控器抓在了自己手里，你的内心也变得云淡风轻。

思考一下，你处在哪个阶段？

痛苦，是因为期待高，评判标准多。

如果你的期待是 100 分，哪怕人家做了 99 分，你都觉得差点意思，而如果你的期待是 0 分，哪怕他做了 1 分，你都觉得是幸运。

人一旦开始有了期待，就会情不自禁增添许多评判。你活在了自己构建的“情绪脑”的世界里，被小我绑架得死死的。可是你忘了，生命赐予你最神圣的东西，就是选择的权利。如果你选择付出，也请同样选择接纳所有结果。

何必一边付出一边折磨自己的心呢？你还嫌自己不够累吗？你可以选择停止，也可以选择继续，一切都遵从自己的内心。

希望你慢慢修到高阶的爱，去选择，去成全。

当你什么都不要的时候，世界都是你的。永远要记住，用无为的心态做有为的事情，用出世的心态做入世的事，一切都是你自己选择的，享受自由意志带来的快意人生。

如果你的爱是初阶的，害怕失去，一旦不如意，你就开始抱怨。那推动你前进的力量就是恐惧，如果你的爱是高阶的，你不怕失去，你只是享受去爱，这时候推动你前进的力量就是爱。

爱和恐惧都能推动你前进，但你需要知道，**恐惧会生发出更大的恐惧，爱会生发出更大的爱**。活在恐惧里，你的内心是匮乏的，哪怕你赚到了再多钱你也会觉得没有安全感；活在爱里，你的内心是丰富的，你的心能包容天地万物，所以你的能量也会越来越强。

总结

1. 真爱有两个层级。

初阶的爱是以回报为前提的付出，大脑会引导你权衡利弊，当你付出了却得不到时，你会很痛苦。

而高阶的爱，是选择，是成全。我帮你，只是因为真的想帮你，而不是非要与你成交，不一定非要结果。

2. 推动人前进的两股动力。

一个是恐惧，一个是爱，但恐惧会生发出更大的恐惧，爱会生发出更大的爱。

3. 付出有三个阶段。

第一阶段，对人好，渴望回馈；第二阶段，渴望回应；第三阶段，对人好是自我选择，与他人无关。

看到这里，对于开篇提出的问题，你现在有答案了吗?

互动思考

你现在的爱和付出处于哪个阶段?

真实营销的四大策略

睁开你水汪汪的大眼睛带着这三个问题阅读：

1. 营销文案中，你敢说产品的缺点吗？

2. 为了产品卖得更好，你是不是恨不得把所有的功效都说出来？

3. 你知道真实两个字的威力有多大吗？

坦白说，过去我不花一分钱就能打造上千个爆款，几乎卖什么火什么，私域转化率是同行业的五倍。我总结了三大营销策略，不管你做什么行业，这三大策略都能给你提供思路和方法，帮助你找到行业的突破口，也许还会带给你一些人生的启发。

1. 价值付出策略：让用户从买到追随

2017 年，我因为一件事轰动了整个行业，我仅凭 28186 个微信好友，创下 1.3 亿元销售额，单个好友价值超过 4000 元。江湖从此有了我们的传说。

很多人问背后有什么策略？接下来我为你分享的这个策略，如果你听懂了，马上去做，坚持 6 个月，业绩一定能提升。

要想干好私域，其实很简单，总结下来就 4 步。

（1）给好处加微信

你要给用户一个好处，或者一个意义，为什么要加你。通常意义比好处还要重要，比如，因为你的人格魅力加你，比给 10 元优惠券要高级得多，加进来的粉丝质量完全不同。

（2）发圈建感情

私域卖的不是产品，而是人品。私域是用来建立感情的，而不是用来收割流量的。如何让用户信任你，这不是一天两天的事，你要坚持发朋友圈，且坚持礼物原则，**你的文案要像礼物一样出现在别人的世界，要么帮人解决问题，要么给人能量**，如果你是冰冷刷屏，就只有死路一条。

（3）私聊送关心

你需要对用户进行分层运营。如果你的服务做好了，关心到位了，私聊是一个成交的利器。但如果没做到，你的私聊就是打扰，会加速别人删除你、屏蔽你。

（4）发售活动造势能

做互联网一定要懂得造势，偶尔搞件大事，既是给用户惊喜，也是给自己增加影响力，所以你要定期做活动，让自己有分量感地活着。

你会发现，很多人干私域只负责野蛮加人，加了之后就开始发广告，根本不管别人受不受得了。大家需要的是情感和信任，而你只给了广告。

这就是典型的“渣男行为”。

“渣男行为”最典型的特征就是把人当流量。没有服务和关心，只关心客户什么时候掏钱。人是加进来了，但对方删你的速度比加你的速度还快。于是你开始纳闷，为什么我的微信好友越来越多，员工越请越多，销售额就是涨不上来呢？

与“渣男行为”对应的，还有“暖男行为”。这个策略在于要让对方内心对于你们的相识心存感恩。从添加你的那一刻起，就把你当作最重要的人。

你需要做到关心对方，爱护对方，哪怕发广告也经过对方允许。朋友圈坚持“礼物原则”，哪怕是广告，都必须有价值，有温度，而不是干巴巴的信息。

关心到有一天你把对方的心融化了，知道对方心甘情愿地说“我要买”。

当时我培养了一批首席聊天师，他们的专业能力和共情力都非常强。客户喜欢跟他们聊天，哪怕不买东西都聊。生了小孩后第一个告诉他们，跟老公吵架第一个告诉他们，感情好到这种程度。等到上了新品，客户通常问都不问，直接就买了。

再说说价值付出。从 2013 年起，我坚持在朋友圈写晚安文字，有干货，有情感。客户觉得有价值，有的客户甚至收集我写的晚安文字，整理成了小册子，放在枕边，睡前还会看看。这些文字竟然成为他们最珍贵的礼物。

你猜猜谁最喜欢看这些文字？是等级最高的超级 VIP！一年消费好

几万元的那些客户，而这也是我们复购率高的原因之一。

价值付出是维护超级客户最有效的方法，同时也是鞭策你不断进步的动力。因为只有不断前进，你才可以输出对别人有价值的文字。

所有营销策略，都是为了达成客户目标或者解决客户问题的，而不是为了成全你自己的私利。当你的文字像礼物一样出现在别人的生活中，又能解决问题，又能给人能量，这样谁又舍得屏蔽你呢？

长树先长根，立人先立德。小胜靠智，大胜靠德。短期主义赚小钱，长期主义赚大钱。用心付出才能赢到最后。

2. 缺点策略，让销量倍增

缺点策略？太刺激了！你确定没打错字吗？别急，接着看下去，一定会颠覆你的思维。这个策略威力太大了，不管是对于做人还是赚钱。

（1）将缺点转变为卖点

先说个真实的故事。

有一天，饥肠辘辘的我路过一家湘菜馆，被门口一张剁椒鱼头的海报给吸引了。我二话不说进门落座点菜。

“服务员小姐姐，点菜，我要门口贴的招牌剁椒鱼头，还有……”

“您真的太有眼光了，剁椒鱼头是我们的招牌。只是跟您说实话，食管员今天早上6点就去菜市场买菜了，赶最早一波，却发现今天的鱼头不新鲜。咱心想一定不能买不新鲜的鱼头回来，所以就忍痛没有买。黄骨鱼很新鲜，早上看到活蹦乱跳的，也是咱们这里的招牌，您要不要试试，真的很好吃，重点是很新鲜！”

我看着她真挚的目光，毫不犹豫地说了一句：“来一份！”以前我也遇到过类似情况，这时我要么就换一家，要么就随便吃点，但心里始终觉得差点意思。而这一次，我舒服地接受了，并且打心眼里欣赏这个实在的姑娘。

你发现了吗？这个姑娘就是因为暴露了“缺点”——鱼头不新鲜，所以没买，而要我试试新鲜的黄骨鱼，最终打动了我。这就是“缺点”策略的威力，虽暴露缺点，但说出了真相，让人感觉真诚、实在。

你的产品之所以卖不好，是因为你为了成交，情不自禁地把产品夸到了天上。殊不知，有些文案你自己都不信，又怎么能指望客户会信任呢？没有信任就没有成交。

你夸得越狠，客户越多疑，越反感，以后对你的文字就会免疫，甚至屏蔽。这就好比做人一样，你会选择看起来完美无瑕的人做朋友吗？你肯定不敢，因为这么完美的人背后是怎样的，你会疑惑。

营销最高级的策略就是真实。

大多数人介绍产品都想要展示最好的一面，沉迷于夸张宣传，如果是事实那无可厚非，但现实未必如此。眼花缭乱的当下，有人敢主动揭露自己产品的小缺点，就会显得尤其坦诚，会让用户觉得可信度更高。这就是将缺点转变成卖点。

举个例子，比如，保质期短，对有些人来说，是不是算个小缺点？

那如果文案是这样的：

这个饼干有个小缺点，保质期只有7天，为了确保吃进你嘴里的每一口饼干都新鲜，我们选择不添加任何防腐剂！建议您适量购买，喜欢的话咱吃完再买！

是不是瞬间觉得保质期短也是优点了，而且觉得语言很真诚？

再举个例子。我之前卖的面膜有一个缺点，膜布太小了，有些圆脸妹妹可能敷不全。所以我文案的第一句是这样说的。

真想吐槽一下这个膜布！

（一听说吐槽你立马就竖起耳朵听了，哪有卖货的人吐槽自己的产品啊！）

有些圆润贵气的脸可能觉得膜布太小了，但好在敷完效果好，特别是毛孔收得服服帖帖，第二天上妆那个光泽度啊，绝了！我就忍了！姑娘们，为了效果，稍微包容下它！

不瞒你说，这款面膜当时并没有知名度，但上架12小时就卖了上万盒。评论区有些人说膜布的确小了，有些说膜布刚刚好啊，但大部分人都说，效果让我服气！如果这个小的缺点没有提前说，那么很有可能评论区就会有一片吐槽声。

就像这样，任何产品我们都会如实告知客户它的优点、缺点，适合谁，不适合谁，凭借这样的真诚，我们吸引了一大批忠实的用户。

（2）投资项目如何做真实营销

最近辅导一位总裁做投资产品的发售，初稿他始终觉得不够走心动人。我查看后发现，整个项目书都在讲收益，却没有直面投资的风险。

也是这一点导致项目显得不那么真实。

于是我问他对于这个投资项目的风控是怎么做的？他说，我们确保最大的风险是 10 万元就立即止损了，这个风险在投资行业里算很低的，很多人都可以轻松接受。

我又问他，过去这么多年实战，你总结了投资的“坑”没有？你要如何“避坑”？他说一路走来学费交了不少，所以现在选项目有很成熟安全的标准。

于是我建议，在你这个项目书的基础上增加：

- 你投资这些年总结的“坑”。
- 你是如何有效“避坑”的。
- 这个项目的风险是什么？你是如何规避的。

增加这三点，会让你的项目显得更加真实，投资老板也会觉得你靠谱。这个总裁当时就开心得不得了，他说，如果我选择一个项目别人也真实地告知我，那我会很放心。果不其然，运用这个策略，他之后一场单价 30 万元的发售，很快就被抢光了。

这就是缺点策略的威力。你真不真诚，通过文字就可以看得出来。不要去跟别人比聪明，比聪明是死路一条，真诚才是唯一的通行证，做人做事都是如此。

真实营销，为爱成交。不要害怕坦露“缺点”会失去客户，恰恰因为你的真实，你会得到客户更多的信任，增加很多订单，而且这些客户往往都是高质量客户，黏性很高。

不要再夸夸其谈了，做个真实的营销人。这不只是对客户负责，更是对你负责。这应当是你做人的准则，让你的每一分钱都赚得心安理得，无比洒脱。

当然，需要注意的是，你揭露的应当是“无伤大雅”、非致命的小缺点，如果是你的产品的质量问题，这是不能容忍的。换言之，产品质量不好你为什么要卖？这就是给你的当头一棒。

3. 零风险承诺：打消最后的疑虑

决定购买的因素只有两个，一个是渴望，一个是怀疑。在塑造产品价值的时候，用户心里痒得要命，觉得一定要买。可是在掏钱那一瞬间，迟疑了，用户担心你说的万一和做的不一样怎么办？

如果你想打消疑虑，给人强劲的信任，就必须给人一个不可抗拒的理由。零风险承诺是一个绝佳的打消疑虑的策略。

说一个我打造的一款美容射频仪的爆款案例。

这款美容仪活动售价是 2980 元，当时的销量排名在 50 名以外。我就做了一个动作，瞬间将其拉到排名前三。这个动作，颠覆了整个行业。

那就是，价值 2980 元的美容仪，免费试用 15 天！也就是说，你买回去试用 15 天，如果觉得没有效果，随时可以寄回来，全额退款！当时团队的人都说我疯了，我说既然咱们对美容仪效果这么有把握，怕什么？

就这样，很多人看到我们是免费试用，加上信誉又那么高，新老顾客都果断购买了。我们的销量就这样一下跃升到行业前三名，这款产品也成了我们的大爆款。

更令人不可思议的是，产品的退货率不到3%。有这样的效果真的很惊喜，不过我们的产品本身效果很好，再加上我们耐心跟进售后服务，所以客户满意度很高。

但试问，这么离谱的承诺，你敢做吗？如果你不能打消客户的疑虑，他们凭什么要购买你的产品？

互联网购物最该解决的就是信任问题，本来就看不到实物，如果你连7天退换服务都没有，那买你的东西跟买彩票有什么区别？

同样卖一个产品，有风险承诺和没有风险承诺，销量绝对不一样。曾经有数据统计，只要提供零风险承诺，销售额甚至会提升三倍。至于你最关心的退货问题，只要你的产品如你说的一样好，退货率最终也会控制在23%以内，这笔账我相信你会算。

重要的是，你的客户会被你的诚意打动，也许他在别人家退货要说破嘴皮，但在你这里，他却可以享受周到的服务。你真心实意为他好，让他毫无后顾之忧，你就像一股清流，流进他的心田，他有什么理由不选择你？而一旦选择，他就会追随，同时，产品的复购率就会增加，这就是好的服务的力量，零风险承诺，是你的为人之道。

尽管零风险承诺是促单威力最猛的策略，但你应该换个角度来思考。

你为用户做过的最大的承诺是什么？

众所周知，我的课程全部都有零风险承诺，总要有人颠覆行业，为什么不是我？我现在不做知识付费，只做知识服务。我从踏入这条路，就率先做了知识付费，如今也成功影响了很多人开始做知识服务。

以线下课为例，学员学完 90 天如果没有双倍赚回学费，全额返还学费并额外补贴 2000 元。2021 年 11 月，有一位女学员给我写了一封很长的信，信的大概内容是，很感恩我对她的栽培，跟着我学到了不一样的营销，只是后来身体不好，没有及时跟上课程，学完后没有达到自己想要的结果，恳请退费。

我查看了她的朋友圈，发现她最近两个月的进步的确很大，朋友圈内容从以前的自我感动式内容到现在的走心文案，从以前的冰冷的介绍到现在以为客户好为中心的文字，我心里还是很满意的。我二话不说，立马就把她交的学费全额返还，还额外发了 2000 元，再加上之前她完成了一个挑战赛奖金 1088 元。所以，我在全额返还学费的同时，还额外奖励了她 3088 元。

这件事发生后，助教当时问我，心里什么感受？我说，我感到很欣慰。第一，我看到她的文字开始走心，变得有爱了，我很开心。第二，她在特别困难的时候，想到了我。这些钱对我来说可能没有什么关系，但对她来说，也许能帮到她一个大忙，我很开心这个时候能为她做一点事。

在我心里，零风险承诺是为人之道。零风险承诺就是你必须对客户负责，除非客户得到他想要的结果，否则就不应该收他的钱。这是一种姿态，更是一种责任。虽然多少会有一些风险，但我敢于承担风险，敢于对结果负责。

如果你把零风险承诺当成是自我修行，你的内心就无比轻松，因为你是在问心无愧地赚钱。同时，你既然敢做零风险承诺，就不可能靠老本混饭吃，你必须不断进步，解决客户的问题，这种情况下，你的内心就会有一种无形的动力推着你前进。

也正因为你有这个魄力，你创新和迭代的速度会超越别人抄袭的速度，你不断地发展自我，提高自我，最终创造更多价值。

可是，为什么有些风险承诺不管用？那是因为这些承诺一点都不真诚。举个例子。

这个课程99元，学完如果你不满意，立即退你100元，你没有任何风险。

你是不是对这样的承诺“免疫”了？况且，会真的没有风险吗？付出的时间和精力又算什么呢？要想真诚，你必须为客户解释清楚你的零风险承诺。因为大多数人在看到不可思议的承诺时，很自然地就会怀疑。你必须真心地解释，让客户感受到真诚。

大部分人在看到我的风险承诺时，都觉得难以置信，于是我解释说：

谁的钱都不是大风刮来的，如果最后我不能和你一起达成你想要的目标，那么这个钱我一分都不能收。这是我做人的原则，也是我做事的底气。我在乎你花的每分钱，也心疼你付出的每一秒时间。

当然，也许有些行业不适合做风险承诺，但无论如何，你都要为客户多想一点，多服务一点，多承担一些风险，能为客户做十分就不要做九分。你要找到适合自己所在行业的营销方式，打消客户的疑虑，这是你的为人之道，更是推动你向前奔跑，快速在同质化竞争中杀出一条血路的动力。

总结

1. 价值付出是维护超级用户最有效的策略。拒绝做流量收割的“渣男”，要做一心一意对人好的“暖男”。把用户当人，付出情感，提供有效价值，长期陪伴。私域运营本质是服务和关心，而不是野蛮收割。

2. 比智商只有死路一条，真诚才是唯一的通行证，在人人都喜欢夸张说自己卖点的时候，你恰当地运用“缺点”策略，能让用户觉得你倍感真实，反而能提升销量。

3. 零风险承诺是成交利器，但你不应该只从商业角度思考，而应该从提升角度要求自己，你赚的每一分钱都是通过帮人而赚得的。你要一直心安理得，你的路才能越走越宽。

互动思考

1. 你打算如何为你的用户去贡献价值？

2. 你如何用“缺点”策略让你的产品文案变得更真实走心？

3. 为了打消疑虑，你还能为客户做点什么？

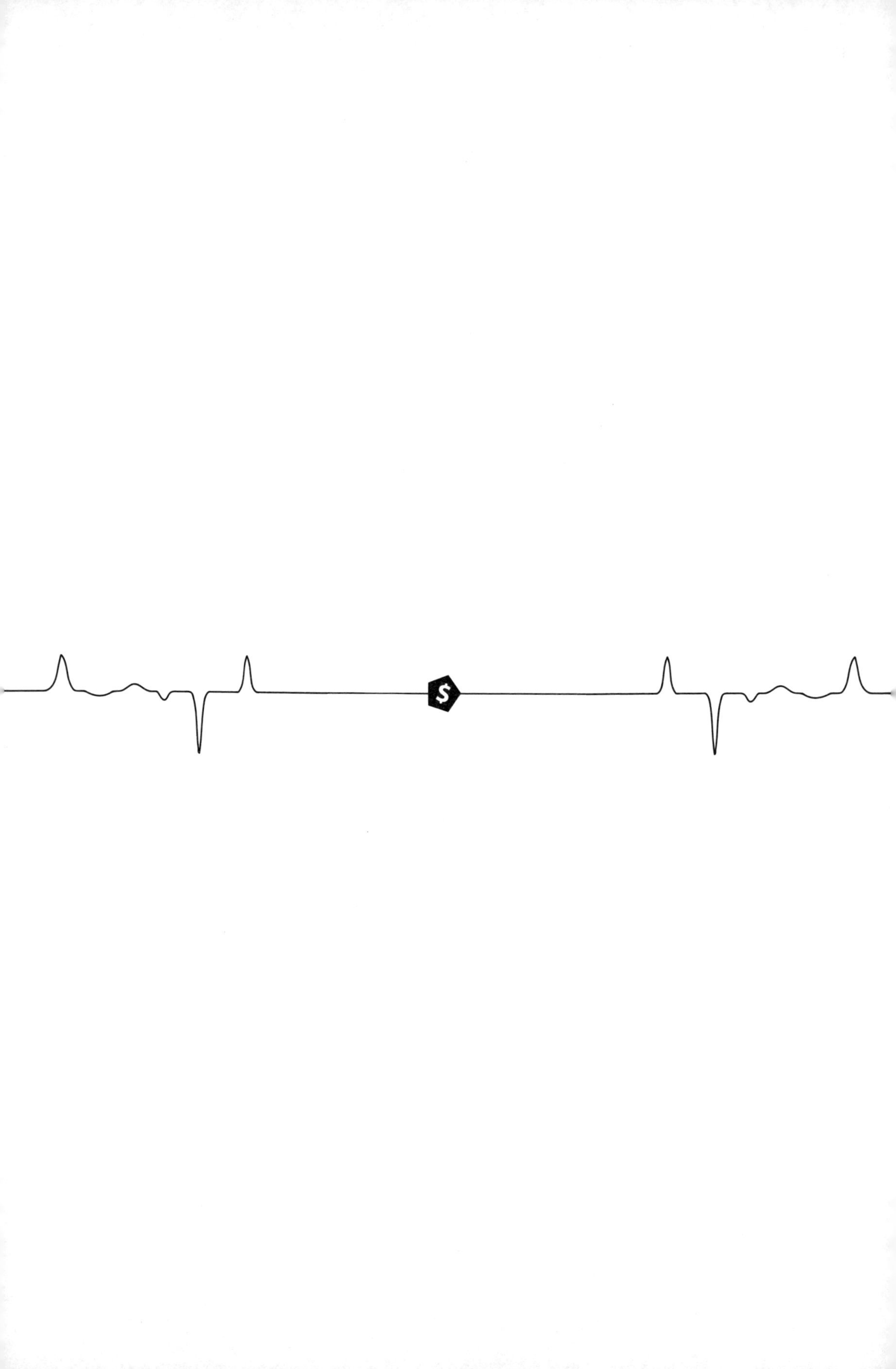

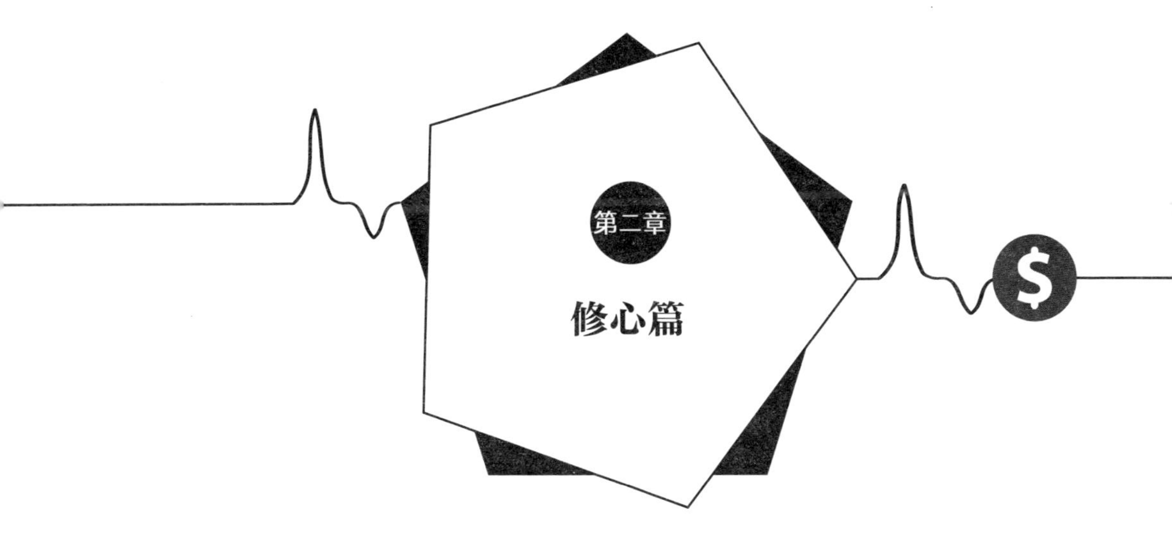
第二章
修心篇
$

发售与文案高手为什么要修心

邀请你带着这三个问题开始愉快阅读：

1. 文案高手为什么要修心？

2. 当你情绪失控时，你的方法策略还能正常发挥吗？

3. 为什么有人明明能力比你差，却混得比你好？

想象一下，如果你刚刚和自己老公吵了一架，这时候你内心翻江倒海，你笔下的文字是充满爱还是愤恨？你学到的方法策略，在情绪失控的时候还用得上吗？

更何况，你我身处信息爆炸的时代，每天一睁眼，就会被各种短视频、文章，还有各种错综杂乱的信息冲花眼，以致很多人都得了信息焦虑症。

如果你的心静不下来，那你笔下的文字就会被焦虑和欲望充斥，用户读后就跟喉咙卡着鱼刺一样，很不舒服。修心，修的是自己那颗烦躁不安、变化多端的心。要知道，静不是耳边无声，而是心中无争。

文案高手为什么要修心？原因有三个：

第一，如果你不修心，情绪不稳，就会被情绪奴役，学再多的方法都用不上，会直接影响你的赚钱能力。

第二，**用脑的时代已过去，用心的时代已到来**，同质化竞争如此激烈，情绪价值能让你的产品脱颖而出。

单价越高的产品越要塑造情绪价值，如果你的共鸣能力很弱，你将写不出有情绪张力的文字，进而影响你的赚钱程度。

第三，你想要的所有物质都是能量的显化，而情绪直接影响能量。如果你不修心，你将很难长久拥有财富、健康和良好的人际关系。

因此，修心，是文案高手要学习的第一门功课。

你要知道，情绪一旦出现，你的财富关系就受到威胁，夫妻之间歇斯底里，亲子关系惨遭考验。你有没有发现，当你情绪低落时，能量瞬间拉到谷底，干什么都不顺。

为什么有些人明明比你能力差，却比你赚钱多、混得好？人与人到最后，比的不是能力，而是能量。

“物质的背后是能量，能量的背后是情绪，情绪的背后是念。”所以修心就是修情绪，修情绪就是修念。一念天堂，一念地狱。能量看不见，摸不着，但它是真实存在的。能量跟情绪息息相关。

美国著名的心理学教授大卫·霍金斯花费 30 多年研究得出了一个有关人类意识的能级水平图表，名为大卫·霍金斯能量层级。需要说明的是，这个能量层级不是测评工具，更不是评判别人的工具，而是一个用来帮助我们了解自己、向内看的一个参考方式。透过能量层级能觉察我们平时的生活状态。参照下图，立即觉察一下你此刻的状态处于哪个层级？

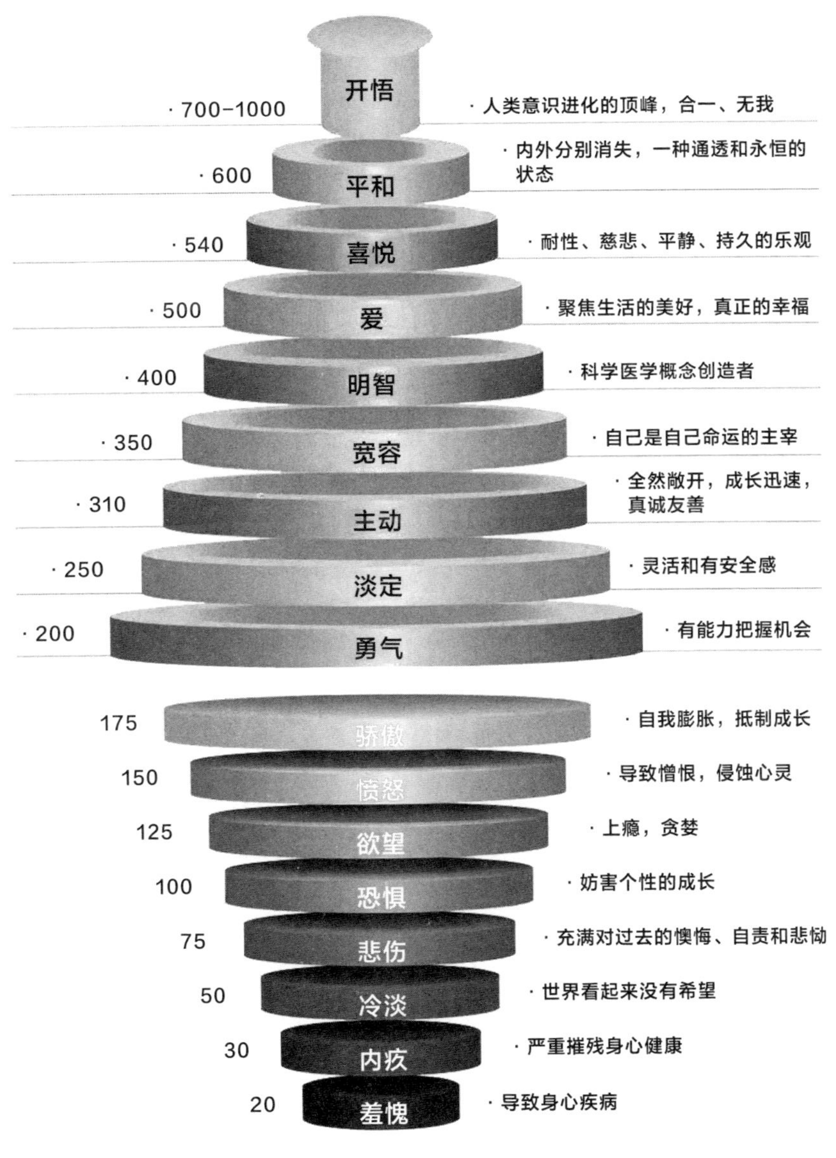

图 2-1　意识能量层级

美国心理学家埃利斯提出来了情绪 ABC（A：Antecedent，前情，前事；B：Belief，看法，信念；C：Consequence，结果）法则，他认为：

正是由于人们常有的一些不合理的信念才使我们产生情绪困扰。如果这些不合理的信念长期存在，还会引起情绪障碍。

究竟是事件 A 决定了结果还是看法 B 决定了结果？看法 B 到底对人生有多大的影响？很多人之所以成为情绪的奴隶，就是被大脑的主观看法囚禁了。

记得两年前恰逢“618”购物节，我赶着去公司开会，火急火燎地开车，走到半路车子爆胎了。眼看会议就要开始了，100 多人在等着我，而车子却出了故障。遇到这样的突发状况，可能很多人会崩溃，觉得我怎么这么倒霉啊。但我的心情并没有因此受影响，反而很庆幸，我暗自说：“好在人没事，就是辛苦车胎你了，我马上就去修啊。”

赶到会场，我把爆胎的事跟团队说了，这预示着我们的“618”一定会爆单，取得很好的成绩，说完掌声雷动。果不其然，那年“618”我们拿到了绝佳的成绩。

再说一个真实的事情，有一天我写这本书正写得起劲的时候，突然电脑死机了，可前面的内容没有保存。或许有的人这时候会觉得，“天啊，为什么要这样对我”，然后开始自怨自艾。

而我摸着漆黑冰冷的屏幕，和已经罢工的主机，温柔地说：“是不是你感受到我这几天没日没夜闭关写书太累了，提醒我要好好休息，明日再战。”想到这儿我立马轻松了，瞬间有一股暖流淌过心间。

这就是看法 B 的重要性。每件事的发生，都是无意义的，是你的看法赋予了它意义。如果你觉得它是好事，事情就会往好的方向发展，如果你觉得它是坏事，事情就会越来越糟。积极的看法会产生积极的后果，消极的看法会产生消极的后果。

如果你想人生走向积极，你需要重塑看法 B 的信念系统！

一件事发生后，你可以选择生气，也可以选择不生气。

这个世界上最可贵的就是你有选择的权利。如果你选择生气，你需要承担生气带来的所有恶劣后果，如果选择不生气，你的智慧就会再进一步。

有一个宇宙吸引力法则，任何一个念头在你脑里保持 15 秒以上，就会受到加持，如果你一直是正面的、健康的、富裕的、年轻的，就一直加持你富裕、年轻、健康。

如果你一直是负面的、穷的、苦的、糟糕的，就一直加持你直到你糟糕透顶为止。你的意识影响了生命的真相，你脑袋里的人生就是你经历的人生。

你相信自己是富足的，就会越来越富足，你要是觉得自己很倒霉，很差劲，你就真的会越来越糟。你想要的一切，车子、房子……这些都是物质，全都是能量的显化。

你要是能量高，你想要的这些都会来，你会觉得赚钱太简单了；你要是能量低，你就只能苦苦挣扎，干什么都费劲。而决定能量高低的关键因素就是情绪，一旦坏情绪起，能量瞬间会被拉到谷底。所以，一定要控制自己的情绪，选择不生气。

你笔下的文字会影响你的成交结果。

身为文案营销人，如果情绪不稳定，你很难静下心来写东西。你会发现，当你情绪低落时，你的大脑里一片空白，可能坐在电脑前几个小时，一个字都写不出来。哪怕你抓耳挠腮，绞尽脑汁，依然写不出来。

最后，即便逼着自己写出来了，也是要么没有一点情感，要么就充斥着焦虑欲望，让客户感觉很不舒服，最直接的后果就是客户直接忽略或者压根不买。所以，修心是营销人的第一课。

那么问题来了，你我都是凡人，如果情绪真的上来了怎么办？有没有方法有效转念？

总结

1. 物质的背后是能量，能量的背后是情绪。情绪的背后是念。你的意识影响了生命的真相，你脑袋里的人生就是你经历的人生。

2. 你的念，就是看法 B，如果你想人生走向积极，你需要重塑看法 B 的信念系统！

互动思考

每发生一件事，觉察下你的看法 B，是消极的还是积极的？把你正在经历的一件不开心的事，换一种积极的看法 B，试试看会发生怎样美妙的变化？

修心与转念之间的奥秘

诚邀你带着这三个问题开始阅读，提升内心配置：

1. 你有觉察过自己大脑的念头是正面的还是负面的多吗？当你情绪消极时，你写文案的状态怎样？

2. 为什么有些人的情绪可以如如不动，而有些人的情绪却如暴风骤雨般波动起伏，背后的核心是什么？

3. 你过去用什么方法处理情绪？用什么方法修炼情绪才真正有效？

说一个可能会震撼你的真相。

2005 年，美国国家科学基金会发表了一篇文章，该文章显示，普通人每天脑海里会闪过 1.2 万至 6 万个念头。其中 80% 的念头是消极的，95% 的念头与前一天的完全相同。

面对考验，为什么有些人的情绪可以如如不动，而有些人的情绪却如暴风骤雨般波动起伏？其根本差别就在于消极的念头来时，你是否懂得转念。

事件本身是毫无意义的，是你的看法，也是你的念头赋予了它意义。如果你觉得是好事，它就往好的方面发展；如果你觉得它是坏事，就会越来越糟，所以转念尤为重要。

如何有效转念和修炼情绪，从过去十几年的探索总结中，我提炼了 4 个实修有效的方法，尤其是第一个，使用起来立竿见影。

1. 大脑里装一个转念开关，刻意练习

想象一下，如果你进入一个乌漆墨黑的屋子，什么也看不到，你害怕得要命，这时候你最想做什么事？是不是第一时间想找到开关把灯打开？

图 2–2　转念开关

对，就是这个开关，我们在大脑里装了个转念开关，转念开关的密语是：凡事发生皆为成就，要么助你，要么改变你！

遇到一件不开心的事儿后，请你立马写下这件事发生后的三大好处，请认真地一笔一画记录在备忘录上或者纸上。相信我，这件事将立马从坏事变好事。

比如，我在写这本书期间，有一次电脑突然死机黑屏了，我立刻写下这件事的三大好处：

- **想让我好好休息，我今天写书从清晨写到次日凌晨太累了。**
- **提醒我要一边写一边保存，不要再出现类似情况。**
- **修炼心态，遇到突发情况依旧要保持内心平静。**

这样想后，我的心就会慢慢平静下来，久而久之，还会修炼到遇事不慌不忙、不气不怨的状态，而且，吸取了这次的教训，我之后再也没有出现过这种情况。

我再举个例子，比如你和先生因为谁早起送孩子上学意见不合吵架了，最后先生还生气走了，留下你一个人处理事情。那么这件事发生的三大好处是什么呢？

- 早起对你的身体更好。
- 你跟孩子有了更多的交流时间。
- **修炼自己的心态，任何事以解决问题为目的，争吵是没有用的。**

会转念的人，看到的是机会和希望，不会转念的人，只会沉浸在负面情绪中。人生在世，不如意事十之八九，不可能什么事情都按照你设想的预期来。思维决定行为，行为决定结果，如果你的思维里都是正面念头，就会产生正面行为，随后产生正面结果。如果你的思维里是负面念头，那就会产生负面行为，从而产生负面结果。

积极的念头 + 积极的行为 = 幸福的人生。

消极的念头 + 消极的行为 = 负面的人生。

正所谓:“你是一切的根源，爱是一切问题的答案!”

2. 偶像转换法

试想一下，如果你认为很难过的一件事，发生在你的偶像身上，他会怎么处理呢?

2021 年 4 月发生了一件事让我难受到怀疑人生，我对人性产生了深深的质疑，并且一度陷入了极其糟糕的情绪中。但我一想到王阳明先生被贬龙场，一路遭追杀险象环生，却因此悟道，内心瞬间也就释然了。

偶像的力量超乎我们的想象。我一直很敬仰王阳明先生，敬佩他经历了那么多坎坷依然能笑对人生。所以每逢我沉溺在幽深的丛林里无法脱身时，我都会有意识地想起王阳明先生，他就是黑暗中的那束光，指引我走出迷雾，找到新的方向。

这世间发生的任何事都没有绝对的是非对错，只是每个人所处的立场不同。在你身上发生的所有事情最后都是来成就你的，没有人生来就是英雄，谁不是经历了难以想象的苦痛后才成为英雄?

成就和痛苦往往成正比，你现在的成就不够大，恰恰有可能是你经历的拷打不够多。正所谓“**身不苦，则福禄不厚；心不苦，则智慧不开**”，你要做的是坚守自己的初心，把所有考验当作你成长的肥料。

3. 时间线法，用未来的眼光看现在

你现在觉得难过得快要死的事，问问三年后的自己，能过去吗？10年后还是个事吗？我会时不时跟10年后的自己对话，问自己：10年后你怎么样了？有没有帮到你想帮的人？

我甚至会跟垂垂老矣的自己对话：这辈子你有什么遗憾吗？然后我会得到指引，现在的我还需要做什么事，比如每天保持平常心，努力拼搏，为了目标而奋斗。我还会问：你还有马甲线吗？已然老去的我告诉我：有啊，哈哈哈，身材好得很！所以，我现在要坚持锻炼啊！

有句话是这样说的，站在现在看未来是规划，站在未来看现在是境界。你现在遇到的所有问题，都是境界的问题。境界一提升，问题立马消失。

正所谓“定能生智，静能生慧”，人只有在安静的时候才能生发出智慧，一个咋咋呼呼、毛毛躁躁的人是不可能升起智慧的。如果你有时间，请找个安静的地方，保持安静地坐着，然后尝试跟自己的内心对话。这就是锻炼你跟自己好好相处的能力。

4. 扭转潜意识，正向沟通

你可能知道，潜意识不会思考，只会条件反射。你的语言焦点，决定了谈话效果。你说的是正面的，事情就会往正面发展，说的是负面的，

就会往负面发展，所以尽量用正向词沟通。

不要老说：“我怎么这么倒霉啊？”可以换种表达：“我遇到了挑战。”

不要说：“我怎么这么穷啊？”可以换种表达：“如何我才能过得更好？”

开会时，不要问：“最近遇到什么问题？”这么一来，你的员工肯定绞尽脑汁想问题出来；如果你问：“最近有什么新的创意可以提升我们的业绩？”这时候，大家想的就是方法，是规划。

发现了吗？你嘴里说的人生，就是你经历的人生。心理学家黄启团老师说过一句话，别人怎么对你，都是你教的，你是一切果的前因。

你要是爱别人，别人也会爱你；你要是夸别人，别人也会夸你；你要是看别人不爽，别人也会看你不爽，这就是人生因果。

这四个转念方法，一定会在关键时刻帮到你。生活不容易，希望你不要总是为难自己，有时候宽恕别人，不是妥协，不是软弱，而是你知道放过别人就是放过自己。对自己最好的爱，就是放过自己。爱，才是最好的养生。

总结

1. 每一刻的起心动念，大脑做的自动化情绪反应，都是内心的显现，而接受这个情绪和转化，就是稳住内心。

这世间每件事都是毫无意义的，是你的看法，也是你的念头赋予了事件意义。如果你觉得是好事，事情就会往好的方向发展；如果你觉得是坏事，事情就会越来越糟，所以转念尤为重要。

2. 希望你时刻觉察自己的能量状态，随时掌握转念开关，随时随地打开，轻松快乐生活。

互动思考

你现在遇到的让你不开心的那件事，你可以如何用转念开关法转念？请立即写下这件事发生的三大好处。

彻底告别情绪化

邀请你带着这三个问题开始继续修炼情绪：

1. 为什么你听了那么多道理，依然修不好情绪？

2. 你的觉察功力到了哪个阶段？

3. 为什么你的情绪反复无常？

如果你听了很多大道理，依旧过得很辛苦；如果你学了很多修炼情绪的方法，内心依旧感觉闹腾，面对焦虑、困惑，常常心烦意乱；如果你试图控制情绪，却越控制越糟，亲密关系越发恶劣；如果你正在经历这些，却仍然深感无能为力，那很有可能你一开始就错了……

情绪不是要控制的，而是要修炼的。

控制是消耗，你越控制情绪，情绪只会越糟糕。甚至你压抑住的情绪，会全部反馈出来，在身体里养成了毛病。你可以尝试以下四步，一点一点修炼自己的情绪。

1. 觉察

觉察的关键是内观。内观就是凡事先向内求，遇到问题先问问自己的本心。内观后才会开始觉察，觉察有 4 个境界，看看你在哪个境界。

（1）不知不觉

这一层的关键词是不反思。

从出生到死亡，从来没有反思过，犯了错也不知道错了。不管跟任何人吵架，吵了就是吵了，永远都是别人有问题，自己没有任何问题。一辈子活在自我的世界里，这种人被称为不知不觉的人。

（2）后知后觉

这一层的关键词是易后悔。

这个阶段的你事后有了觉察。比如，你今天把孩子骂了一顿，骂完之后你后悔了，你觉察到是情绪冲昏了头脑，你很后悔。如果你总在后悔后才改过，就会活得很累。

（3）正知正觉

这一层的关键词是当下觉察。

每次情绪升起的那一刻，你当下立即能觉察到。你像是从身体里跳了出来，像一个旁观者一样，在观察自己的情绪。你会从感性中抽离出来，回到当下。

比如，你早上和先生因为谁早起送孩子的问题差点起争执，情绪升起的那一瞬间，你立即就觉察了，吵架对目标没有用。于是迅速自我降温，从情绪中跳脱了出来。

（4）先知先觉

这一层的关键词是预判。

你开始有先知，做任何事都有预判，这件事这么做，这句话这么说会有什么后果。你不仅能觉察自己的情绪，还能觉察别人的情绪。你的内心会生发出慈悲心，与人为善，与人有路。你深知，做任何事、说任何话都必须承受相应的后果。如果你意识到这句话说出口还不如沉默，你会选择闭嘴；如果做这件事于别人不利，你会选择不做。

2. 无条件地全然接纳自己

要做到全然接纳自己，这个无条件尤为关键。很多人对自己的接纳是有条件的，只有在得到认可和赞美的时候，才会尊重和喜欢自己。人无完人，一旦你开始追求完美主义，你就容易被情绪所困，滋生焦虑情绪。一旦你被否定，你会觉得自己是个无能的、没有价值的人。渐渐地，你就会活在别人的眼里和嘴里，沉溺在外界的评价中无法自拔。

无条件全然接纳自己，你要做的是，接纳但不评价。比如你今天情绪很低落，你知道自己做错事了，接纳就是你只需要看见自己的低落，而不需要增加一句评判："我怎么这么没用？"一旦你开始评判自己，你就开始陷入了情绪内耗。

情绪产生的时候，告诉自己，你所有的情绪都是被允许的，不管发生什么，你一定会好好爱自己。只要不和情绪对抗，这样在情绪产生的时候，你会立马觉察到它。

3. 积极转念

这一步就是我们上一节讲的。凡事发生皆为成就，要么助你，要么改变你。写下这件事发生的三大好处，坏事立马会变成好事。用好前面提到的关于转念的 4 个方法，相信转念将会积极影响你一生。

4. 反思复盘

一切都是最好的安排。你遇见的人都是你该遇见的，发生的事也是该发生的。把遇见的每个人都当作镜子，如果他说的是不对的，你可以避免成为这样的人；如果他说的是对的，正好你可以听取建议，改正过来，你还应该感谢他。

“行有不得，反求诸己。”每晚睡前坚持写复盘日记，反思今天做的事哪一点还可以做得更好，觉察今天所思、所言、所行是不是正面的，感恩遇见的一切。只要你坚持写上一个月，你会发现你的心情越来越平静，内心越来越积极，甚至连遇到的人和发生的事都向正面方向发展了。

为什么你的情绪总是反复无常？

是因为你把自己看得太重了。

你总是用五官看世界，用眼睛看，用耳朵听……却很少用心来感受这个世界。你需要从内反观自己。

你要学会与内在的自我和平共处，就要修炼自己的情绪。修炼情绪，其实就是修心的过程。

如何快速化解坏情绪？如果你试过很多方法都没用，那么接下来这个方法你一定不要错过，一定会对你有帮助。我有个总裁学员跟妈妈关系不好，很多年都没有缓和，内心一直很煎熬。她看了很多有关修心的书都没有用，用了我这个方法后，她当场就释怀了。（这个方法是我跟高人学的）

其实，化解坏情绪只需要三步。

（1）接纳并允许你的情绪释放

告诉自己，你所有的情绪都是被允许的，不管发生什么，你一定会好好爱自己。只要不和情绪对抗，这样在情绪爆发的时候，你会立刻觉察到它。

（2）给你的情绪起个名字，越搞笑越好

比如你可以把愤怒取名为“小混蛋”，把悲伤难过取名为“鼻涕虫”。当你的情绪表现出来的时候，你就用它的绰号提醒自己：“哇，‘小混蛋’‘鼻涕虫’又要出现了。”

发现没有，这时候你是情绪的观察者，当你跳出了情绪思维，作为一个旁观者看自己演戏的时候，你的情绪峰值会马上降下来。

（3）和你的“小混蛋”“鼻涕虫”对话

“怎么啦？你不开心啦？我能为你做点什么呢？”

当你这样去看待你的坏情绪时，你会发现，这些负面情绪立马就像小朋友一样被哄得乖乖就范，你一下子就会轻松喜悦很多。（效果有多神奇，你试过就知道了。）修炼情绪，不是把情绪修炼没，而是跳出情绪，修自己原本具足的那个观察者的智慧。

像旁观者一样活着，笑对遇到的困难。希望你能够善待自己，容纳不同人的不同的观点，接纳世间的一切，从心向善，做一个情绪稳定的成年人。

总结

1. 情绪不是要控制的，而是要修炼的。控制是消耗，你越控制，情绪会越糟糕。

2. 你需要从觉察、接纳、转念、复盘这四步做起，一点一点修炼自己的情绪。这将会对你的人生产生不可思议的积极效果。

3. 真正的觉察是看见自己，我看见“我”在生气，我看见“我”在愤怒，我看见“我”在痛苦。当你开始看见，你就活成了“我”的观察者，你就跳出了情绪，像旁观者一样看自己，挣脱出了大脑为你构建的虚拟世界，回到了当下。

让内在本自具足的自己做主人，不再为过去伤心，为未来焦虑。全然感知当下的每一寸美好，才能把当下的每件事做好。

互动思考

了解了智慧修炼情绪的四步法和快速化解坏情绪的三步法，你有什么启发？

三句话让你的坏情绪瞬间瓦解

请你带着这三个问题开心阅读：

1. 你有没有快速哄好自己的方法？

2. 当你情绪不好的时候你通常会做什么？

3. 当你觉察到自己快要爆发坏情绪的时候，你通常会怎样化解？

如果你通过转念和智慧修炼情绪四步法，依然还是控制不好情绪怎么办？这里还有一招要教给你。

其实人生就是一场自己哄好自己的过程。你要是能够快速把自己哄好，你的脾气自然也就不会那么坏了。

如何快速把自己哄好？给你讲个故事。

2016 年之前，我性格比较张扬，自认为有点才华就轻浮任性，可能还有点目中无人。毫无疑问，虽然我工作做得很辛苦，常常一天工作 11

个小时，可依然得不到认可，更赚不到钱。

2017 年，我开始向内修自己，才发现“我”才是一切的根源，所有问题都是自己投射出来的。我才意识到我需要跟自己讲和，我开始觉察、接纳、清醒。

有一天夜里三点多，睡梦中的我突然醒过来，我发现我竟然流泪了，就连枕巾都是湿润的。那一刻，我的心里蹦出了三句话，瞬间让我的内心平静了下来。我在心里把这三句话连续默念了三遍，我顿悟了，而后的每一次挑战，不管遭遇什么，这三句话都能在关键时候蹦出来警醒我，让我的内心回归平静祥和，毫不夸张地说，从 2017 到现在，我一次脾气都没有发过。

你可能或疑惑，为什么一本教你成为文案高手的书要讲修炼情绪，因为如果你的情绪不稳定，不管教什么技巧，你根本用不上。情绪一变 , 万事皆不同。

这三句能够快速哄好自己的话送给你：

- 凡事发生皆为成就，要么助你，要么改变你。
- 一切都是最好的安排。
- 得不到想要的，即将得到更好的。

这三句话不是鸡汤，也不是故弄玄虚，是历经世事修炼后的通达智慧。不管你遇到什么，只要想起这三句话，心中默念三遍，你的心和身体都会发生不可思议的变化。

记住这三句话，有三大好处：

第一，坏情绪来时，你能快速把自己哄好。心情好了，相貌都会越来越柔和。

第二，夫妻关系变好，亲子关系变好，家庭越来越和美。

第三，财运越来越好，人缘越来越好，你欣赏的人主动向你靠近。

注意，一定要三句话连读，且要铿锵有力地连读三遍！现在立马来尝试一下！闭上眼睛把这三句话在心里连背三遍，你是不是心里暖暖的，浑身充满了力量？

这三句话为什么有如此神奇的效果？

凡事发生皆为成就，要么助你，要么改变你，这是积极转念。

一切都是最好的安排，这是接纳，是放过自己，也放过别人。

得不到想要的，即将得到更好的，这是正念，是希望，也是动力。

如果你能谨记这三句话，遇到任何事情，都能想起这三句话，心里铿锵有力地默念三遍，哪怕是再大的问题，你都能一笑而过，从此你的人生将越走越顺。

最后送你一句话：

只需在自己的时空坚定努力，无须在他人的世界穿插逗留。爱上每一天都比前一天优秀的自己，是终身最浪漫的事情。

总结

1. 要知道，上天给你安排的任何一件事都是在你的承受范围内的。希望上文我说的三句话，在关键时刻能够温暖你，给你力量，把你快速从不好的境地中拉回来。

2. 有了平和心，你接下来干任何事情都能事半功倍。

互动思考

闭上眼睛，铿锵有力地连读三遍上文的三句话，你有什么感受？

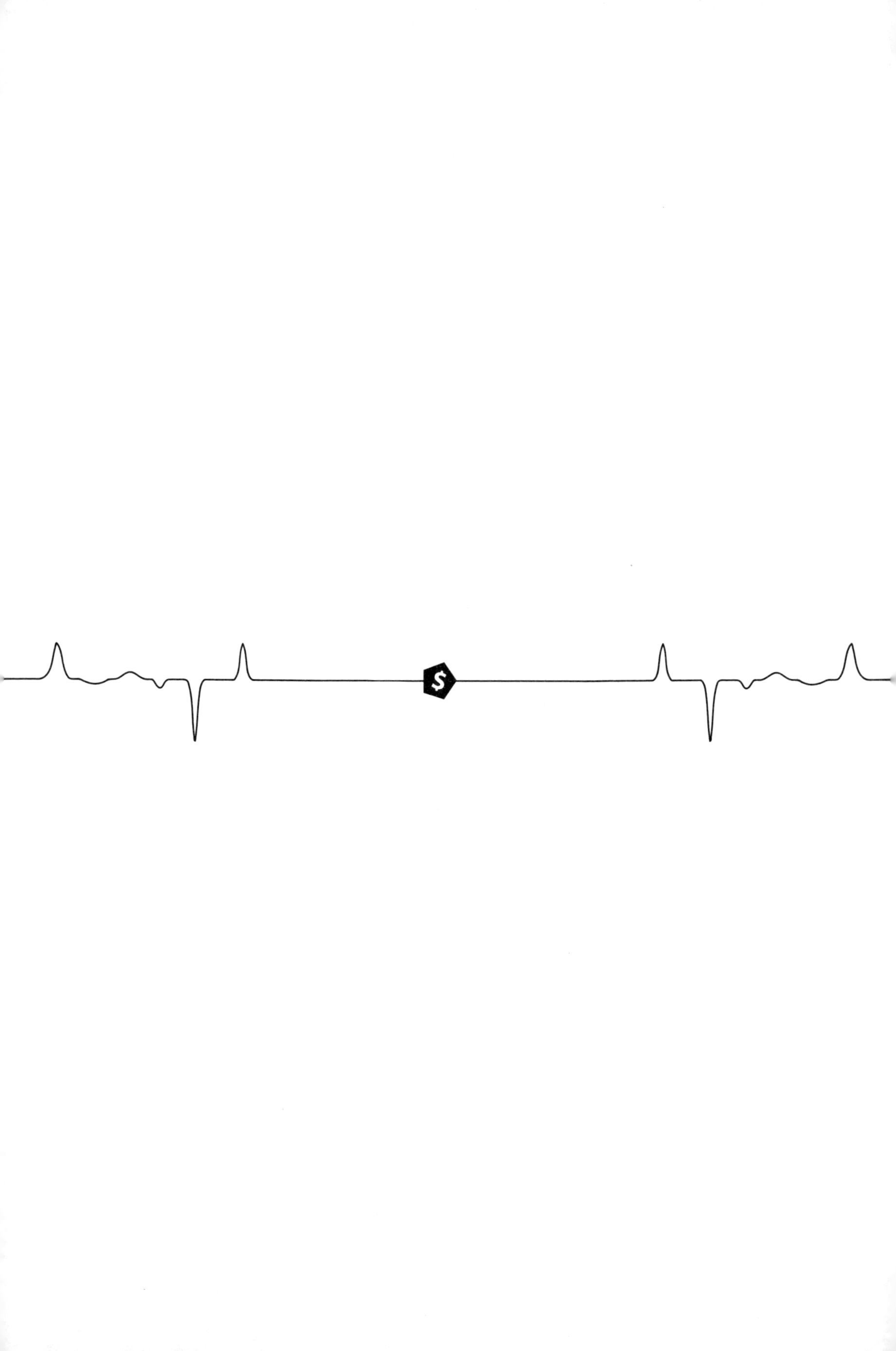

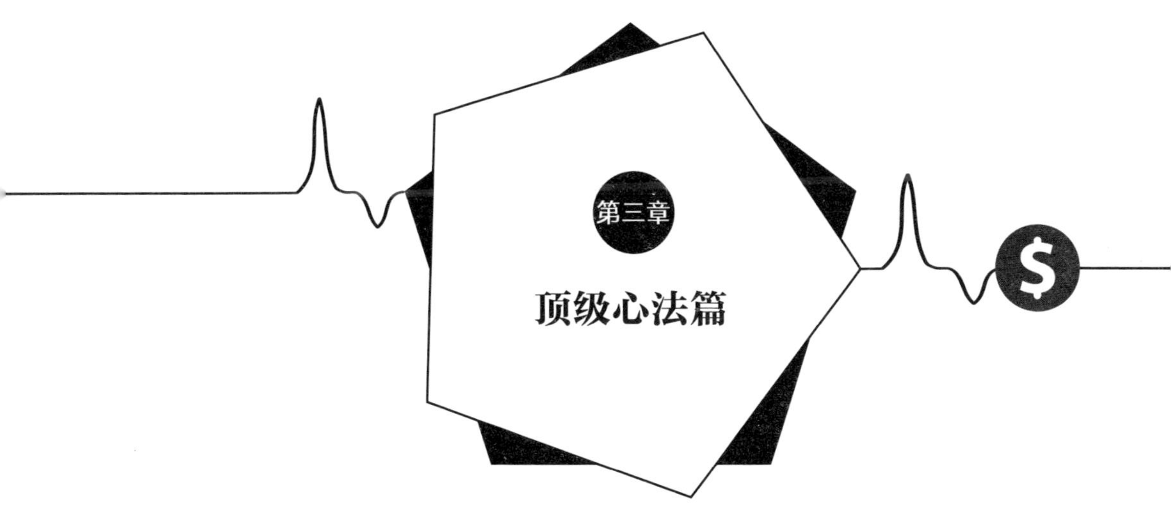

第三章

顶级心法篇

如何成为发售与文案高手

睁大你水汪汪的眼睛带着这三个问题开始阅读：

1. 究竟是什么决定了文案质量的根本？

2. 影响你一生命运的四个字是什么？

3. 如何才能告别套路化写作，做有爱的文案高手？

那篇写到凌晨两点才完稿的产品文案，你读完之后总觉得有些干涩，毫无情感；那条你憋了半天才写完的朋友圈，原以为发出去会有很多人响应，而 45 分钟过去后，朋友圈动态消息仍只有寥寥数个。每当这种时刻，你可能会失落，会沮丧。那你有没有想过，问题出在哪里？

究竟怎样做，才能让销售文案变得走心？

要知道，你打动用户的程度，决定用户掏钱的速度。

为什么你学了那么多方法，学过那么多技巧，写的文字还是不能够打动人？原因出在根上，你的起心动念决定你的文案质量。

你有没有想过，你来到这世界的目的是什么？

有没有一件事，让你拼尽全力，甚至贡献一生想要去做的？

你的使命是什么？你想过怎样的一生？

人这一辈子，充满了不确定，但有一件事是一定会发生的。那就是死。从生到死的这个过程，叫人生。你想过一种怎样的人生？你拥有至高无上的选择权，你是你的人生唯一的负责人。**想象一下，当你 80 岁大寿的时候，你的家人、亲戚、朋友、同事都来到宴会上，你希望他们怎么评价你？而这些对你的评价，就是你个人品牌的价值。**

王阳明被贬龙场后，说了一句话，“圣人之道，吾性自足，不假外求”。这句话的意思是你不需要跟圣贤学，圣贤的一切都在你体内，只是在你体内沉睡了。把这些唤醒后，你就是圣贤。

教育的最高境界不是输入，而是唤醒。

影响文案高手一生命运的四个字是：敬天爱人。

有些人的文案一看就是套路，开头就是浓浓的推销味，用户心里下意识地就会警戒起来。只从技术层面展示“雕虫小技”的文案，是很难走进人心里去的。当你唤醒内在的敬天爱人之心，你会发现你的文案已经发生了变化。

那么，何为敬天爱人？

敬，是敬畏，天，是天道，是自然规律。敬天，即指敬畏天道，敬畏自然规律。生而为人，有些东西是注定的，比如你的出生、你的家庭。我出生在很偏远的山村，从小就是留守儿童，小时候也没有享受过父爱母爱，哪怕抱着一堆奖状回家，家里也没有人欢迎。

但我从来没有抱怨过，父母把我带到人世的那一刻，他们的使命就完成了。父母是不能选择的，我接受命运的安排。恰恰是我所处的环境，锻炼了我坚韧的性格。我感恩这一切，这就是敬天爱人。

做营销也是一样，规律是无我利他，你必须把用户的利益摆在第一位，真心实意地为客户解决问题。如果你心里只想着成交，只想赚钱，只有你自己，那你不会成功。

当你唤醒了内在的敬天爱人之心，你下笔前最先想到的就是用户，你会想用户需要什么，你能为他做什么，而不是如何才能赚钱，如何才能成交。你的起心动念决定文案质量，文案是表象，爱才是真相。如果这颗心还在沉睡，即便你学再多的方法技巧，你动笔时依然最先想到的是自己的利益，那你写出来的文字，自然充满了铜臭味，看似利他，实则利己。用户是能从你的文字中读出来的，因为你的心骗不了人。唯心中有爱，笔下才会有情，用户看到自己的问题也感受到你的用心，才会心甘情愿地掏钱。

如何做到敬天爱人呢？你需要修这三颗心。

（1）敬畏之心

孔子曰：“君子有三畏：畏天命，畏大人，畏圣人之言。小人不知天命而不畏也，狎大人，侮圣人之言。”

生在天地间，行在红尘中，每个人都要心存敬畏。

人须有三种敬畏：敬天、敬地、敬自己。敬畏不仅是一种人生态度，也是一种行为准则。心存敬畏之人，做人有原则，有所为，有所不为。有取有舍，有进有退，有尺有度。该说的话说，不该说的话坚决不说，该赚的钱赚，不该赚的钱一分不赚，这样你才能保持内心深处的那份真实，做到真实营销，为爱成交。

（2）感恩之心

稻盛和夫说：活着，就要感恩。每天清晨我们醒来，想想自己还活着，能够思考，可以享受人生，可以去爱别人，这本身就是一件幸福的事。不管你昨天做错了什么，今天还有机会去弥补，不管你昨天错过了什么，今天还有时间去争取，你应该庆幸自己健康地活着，去感恩大自然、阳光、大树、小草，感恩身边的每一个人。

善待万物就是善待自己。你帮了别人，应该感谢他给你助人的机会，而不是索取回报。假如你与你用心帮助的用户成交了，是最好的安排，如果没有成交，也要感谢他给你帮他的机会，祝福他，而不是心生抱怨，因为抱怨是伤自己的能量。

（3）利他之心

无我利他，无不是没有，而是万有。只有彻底抛弃私心的人，才能成就大事。

无我并不是放弃自己，而是要把自己看作整体的一部分，只有这样，你在做事的时候，才能做出更好的决定。

生活中如何做到真正利他？我遵循一句话，**只要不涉及根本利益，尽量让对方赢。**

什么叫根本利益？你的生命，你的家人，你付出后应该得到的，可以让你家人生存的东西。无我，不是舍己为人去死，而是好好活着，然后做共赢的事情。

一个人选择了自私自利，心里只想着自己的利益，你的营销文案永远都无法走心，如果你心里真的装着用户，真心实意为对方解决问题，那你的真心自然就会在文字中流露出来。

有了敬天爱人之心，你就知道，营销文案中，“我”不重要，“你”才重要。但纵观江湖，很多人明明知道自我感动不好，依然戒不掉，不知道你是否有这样的烦恼，如果有的话，下一节教你一次性戒除自我。

总结

1. 如何写出走心的销售文案？你需要唤醒内在的敬天爱人之心。要做到敬天爱人，你需要修这三颗心：敬畏之心，感恩之心，利他之心。

2. 你的起心动念决定文案质量，文案是表象，爱才是真相。唯心中有爱，笔下有情，用户才能看到自己的问题也感受到你的用心，才会心甘情愿地掏钱。

互动思考

你的文案中，流露出的是你对用户的爱还是欲望？

5 个实修方法让你彻底戒除自我

邀请你带着这三个问题开始升华阅读：

1. 你写的文案，是自己想写的，还是用户想看的？

2. 你写文案的目标是什么？

3. 如何才能彻底戒除自我，使文案真正走心？

上一节说到，要想让用户心甘情愿地掏钱，你需要唤醒内在的敬天爱人。也就是说，“我”不重要，“你”才重要。此刻思考一下，你是以自我为中心，还是以用户为中心？究竟要如何才能彻底戒除自我？接下来，你就会找到困扰你已久的答案。

何为自我感动？自我感动是指两个人在不同的频道上聊天，自己感觉很开心，但对方心里一点波澜都没有。

与自我感动对应的是走心。走心，并不是煽情，走心的背后蕴含着强烈的共情和洞察能激发用户的三重情绪反应。

天啊！你怎么会知道！（好奇）

我也有这种感觉啊！（强烈共鸣）

强烈的情绪平复后，他会对你刮目相看。

这么多人，只有你懂我。（人们只会向懂自己、有信任感的人付费）

为什么你写的文案人家不爱看，甚至还被屏蔽？因为你一直在自我感动。自我感动通常有三个毛病。

- 觉得自己的产品天下无敌，开口闭口就是产品特性。（冰冷）
- 面面俱到，没缺点，自己说着都不信，又如何指望别人信。（夸张）
- 文案要么像报告一样生硬，要么矫揉造作让人看不懂。（生硬）

要想戒除自我，需要从根上解决。

写文案，是为了成就他人，而不是为了证明自己。

下笔前问自己三个问题：

（1）为什么要写这条文案？是让人喜欢还是让人购买？

“为什么做”比“做什么”重要。你写这条文案是为了帮助别人，而不是为了吹嘘自己。多问几个为什么，以客户需求为中心，你下笔就会有敬畏之心。

（2）你说给谁听？

找到你的目标客户群，悄悄说给他们听。

（3）用户到底需要什么？

一定要写用户想看的，而不是你自己想说的。

最高级的营销文案，是用别人喜欢的方式，达成自己的目标。

如果你清楚了自己想要做什么，那下面这 5 个大道至简的实修方法，将助你一次性戒除自我。

1. 文案以“你”开头，说悄悄话

永远记住，“我”不重要，“你”才重要。不要对一群人说广告，要对一个人说悄悄话。文案用“你”开头，能瞬间拉近人与人之间的距离，产生共鸣。这一点看似简单，但只要你做到这一步，文案的共情力就完全不一样。

举个例子，如：

A1：每个月的那几天，很多人都会小腹坠痛，有的可能睡到半夜都会疼醒！

A2：每个月的那几天，你是不是会小腹坠痛，睡觉睡到半夜都会疼醒？

再比如：

B1：夏天马上就要来了，摸摸肚子上的肉，看来去年夏天买的那条裙子又穿不上了！

B2：夏天马上就要来了，摸摸肚子上的肉，你最喜欢的那条裙子还能穿上吗？

再比如：

C1：每天起早贪黑，早九晚六，累死累活，可是很多人依旧活得很辛苦！

C2：每天起早贪黑，早九晚六，亲爱的，你累吗？

看看以上三个例子，哪一句更能打动你？肯定是第二句！

文案中只要添加一个你，立马就会拉升关系，产生共鸣。这个世界上最温暖的幸福，就是有一个人对你好好说话，不是吗？

2. 用说代替写，说人话

说人话就是说大白话。很多人平时很会聊天，可一旦下笔就蒙了，写出来的文案跟报告一样，或者堆叠一些优美的词汇，自我感动却毫无必要。如何能用大白话写作呢？

首先，要丢掉偶像包袱，克服装的毛病，怎么说就怎么写，好好说话，好好写作，不用刻意端着。想象一下，你的用户就站在你对面，你如何跟他面对面聊天，把产品介绍清楚？像聊天一般亲切的、真诚的、通俗的表达，就是你文字中要去表现的。甚至你可以模拟说话，用语音录下来翻译成文字后，再调整语序即可。

举个例子，如果你想说你的面霜很保湿，通常产品文案你会这么写：

24 小时保湿锁水，强效修复。

但是日常生活中，你跟朋友聊天，你可能会说：

昨晚熬夜到两点睡用了它，今天早上起来竟然脸上很有光泽，上妆也很服帖，没想到效果这么好。

这样别人一听就懂了，还特别有画面感是不是?

如果你不确定自己写的话是不是大白话，可以对着镜子模拟与人聊天,如果你觉得很顺溜,那就对了,如果你觉得很别扭,那就改到很顺为止。

3. 用写信的感觉写文案

如果你实在搞不懂什么是大白话，那这个写信的方法你一定能找到感觉。

还记得小时候写信收信那种美好的感觉吗？每周，你揣着扑通扑通的心跳，收到期待已久的信件，撕开信封，拿出信纸，看到第一句话上写着“亲爱的，见字如面”，瞬间一股暖流蔓延到全身，这种感觉太亲切、太幸福了。

像写信一样娓娓道来，幻想读者是你的好朋友，你的家人，你的爱人，你坐在昏黄的灯下，给他写信，想象着他拆开信的那一刻的幸福模样，你随即就会有动力，落笔写下一堆你的心里话。

如果你写信,你会一上来就说一大堆冠冕堂皇的话,或是专业术语吗?明显不会！太官方的术语，别人一来看不懂，就算看懂了，也只会激发他的理性情绪。要知道做出购买决策，80% 靠的都是感性选择。理性引发思考，感性促使行动!

这里有一个奥秘，表达越私人化，你的文字越会有共鸣。想象一下，你跟闺密聊天，跟父母聊天，是不是非常的私人化，内容就很直白。你用这样的感觉跟读者交流，读者就会有一种非常亲近的感觉。你看我的文字，我经常会说：

你听到了吗？

做得到吗？

我瞪着水汪汪的眼睛看着你，你忍心让我失望吗？

这些就是私人化的表达，我真心把你当朋友，这些字眼是我的真情流露，你读完会很有亲切感。

4. 真实，坦诚，给你的文字加入情绪

不要害怕谈论你的情感、经历，也不要害怕说出产品的缺点，你不需要完美，只需要真诚。

要想让你的文字有情绪，可以加入一些语气助词，也可以加入心疼的情绪，比如：

太辛苦的钱，我不建议你赚，你每天起早贪黑，月底却看不到钱。

你可以加入害怕的情绪，比如：

天啊，今晚你又是熬夜到两点，我真的很担心你明天起来顶着一对黑眼圈！你到底能不能好好爱自己！

你可以加入恐惧的情绪，比如：

吓死我了，还以为你为了瘦身连饭都不吃了！

记住，你大可不必做一个完美的机器人，你可以坦露你的弱点、害怕、担心，在文字中植入你的情绪，做一个有血有肉、有温度的俗人，更容易拉近你与客户的距离。

5. 制造现场对话的感觉

如果你总觉得自己的文案差点意思，很生硬，这个方法也能帮你很好地解决问题，那就是在文案中制造对话感，给人一种你在身边，与你现场对话的感觉。

废话不多说，直接举例子，比如：

刚结束总裁密训，此刻已是晚上 12 点了，你睡了没？没睡的话我有句话想跟你说……

再比如：

你们追着我上架的代餐，1 小时抢空了 1000 组，就在我敲下这行字的时候，仓库主管告诉我说，马上要断货了！

再比如：

12 月 1 日晚上 10 点，我会在英雄会群分享我辅导的一场发售营收 600 万元的核心奥秘，这场发售代理出单率达到 80%，客单价是同类产品的 3 倍。太成功了，真的，这个机密我之前从未透露过。

这样的文案就好像你与客户面对面在聊天，用户会觉得你很真实、很亲切。

总结

要想彻底戒除自我，你需要从根本上解决问题，唤醒内在的敬天爱人之心。你的心中一定要装着用户，要对用户付出真心实意的爱。与此同时借用以上 5 种戒除自我的方法，任何一种都能让你快速找到感觉，只要你通读三遍并且开始刻意练习，你的文案一定会有根本性变化。

互动思考

1. 你过去的文案犯了自我感动中的哪一种毛病？

2. 如何用以上 5 种戒除自我的方法优化你的文案，以达到更走心的效果？

让你的文案脱胎换骨的 13 字顶级心法

请带着这三个问题开始阅读：

1. 你的文案营销处在 1.0 ~ 3.0 的哪个阶段？

2. 如何才能写出真正让人感觉有爱又有力量的文案？

3. 如何让用户心甘情愿地付费并爱上你这个人？

我前面已经提到过文案营销的三个阶段，现在来具体展开讲一下。

很多人问我，是不是以前写文案就这么走心？很明显不是。我也是一步步摸索过来，14 年实战经验，我梳理了文案营销的三个阶段。

第一阶段 1.0，卖产品。一味说产品好，眼里只有自己，没有用户。

第二阶段 2.0，卖欲望。为了尽快成交，我会戳你的痛点，刺激你的欲望。

第三阶段 3.0，成就你。因为懂你，所以想帮你，于是只成交对的用户，把产品缺点说在前，给用户最强的风险保障，为客户负 100% 的责任。

文案字里行间都是爱，把产品文案写成了“情书”版的解决方案。

如果你问我，哪个阶段走得最辛苦，那一定是第二阶段。为了把销量做上去，我们会花很多心思去找用户痛点，甚至不惜残忍地描绘伤口。用户因为恐惧买单了，心里却很不舒服。

每天像打了鸡血一样过日子，为了把文案写得更诱人而绞尽脑汁，面对用户的质疑“真的有那么好吗”，依旧无动于衷。心里只有一个声音，那就是一定要把产品卖好。

直到后来团队找到我说：“老大，真的写不动了。”我也真的累了。于是我们开始反思，练内功，如何才能让用户更舒服地接收到信息，如何做个更真实的人，写更舒心的文字，既能让用户满意，也能保证销量。

14 年实战提炼出的这 13 字顶级心法，是营销文案的核心，也是我总结的写作的一个戒律和三个铁律。

一个戒律：戒除自我！

无我不是没有我，而是你为别人着想，别人才能重视你，把你说的话听进去！如何戒除自我，上一节已经教了你 5 个实战方法，它们能够帮助你很好地戒除自我，写出走心的文案。

三个铁律：

（1）对“你”说

永远记住，文案是写给用户看的，不是给你自己看的，要写用户喜欢看的，而不是你自己想说的。生活中的沟通智慧也一样，如果你说的每一句话都是从自身出发，说自己想说的，那又如何能够说到别人心里去呢？营销文案顶级的智慧，用别人喜欢的方式，达成自己的目标。

（2）私下说

要像是和用户私下写信交流一样来写文案。这一点尤为重要。记住，你是对一个人悄悄说，而不是对一群人广播。未来的商业竞争，本质上是用户注意力的争夺战，谁能真正留住用户的心，谁就掌握了有力的竞争力。很多话用户不好意思说，我们就要替他发声，并为他解决问题。

如何做到私下交流呢？上一节我们已经讲过，你可以制造现场对话感，也可以用写信的方式写文案，在开头快速拉近与用户的距离，在文案中植入情绪。记住，表达越私人化，用户越有共鸣。

（3）对“你”好

文案是表象，爱才是真相！请你要把这句话刻进心里。你的文案要像礼物一样出现在别人的世界，要么帮人解决问题，要么给人能量。如果你只是毫无感情的刷屏机器人，你的文案是礼物还是打扰？如果你只为了达成自己的欲望而贩卖焦虑，你的文案是礼物还是掠夺？

这世界上只有真心换真心才能走得长久。我们不要攻心，而是交心，把心交出去。最低的策略是套路，最高的策略是人品，你心里爱多少人，才有多少人爱你。

这 13 个字你一定要多悟几遍，并在日后的写作中践行。

如果你悟透 13 字顶级心法，你会立马发生这三大变化：

- 快速唤醒内在的爱，下笔有情，不再写干巴巴的文字。
- 告别公式化写作和千篇一律，从心出发，拥有自己的风格。
- 每字每句都能写到人心里去，用户会主动来找你，因为你懂他，也能为他解决问题。

这就是 13 字顶级心法的威力。如果你用心实践，我历经 14 年总结的这三个字，能让你的文案发生脱胎换骨的变化，如果你悟透并牢记在心，对你的人生也将产生全方位的影响。

总结

1. 实战 14 年为你浓缩的 13 字顶级心法，为什么要对用户说？为什么要私下说？为什么要对用户好？为什么要戒除自我？这一切的根本都是为了彻底贯彻“真实营销，为爱成交”。

2.“我”不重要，“你”才重要。当你学会把别人放在比自己还重要的位置，你的文字就开始真正走心了。

互动思考

1. 你的文案是写用户想看的还是自己想说的？有没有私下说的感觉？

2. 你的文案是礼物还是打扰？

3. 尝试用这 13 字顶级心法写文案，感受春风化雨的威力，使用户心甘情愿买单还感谢你带来的美好。

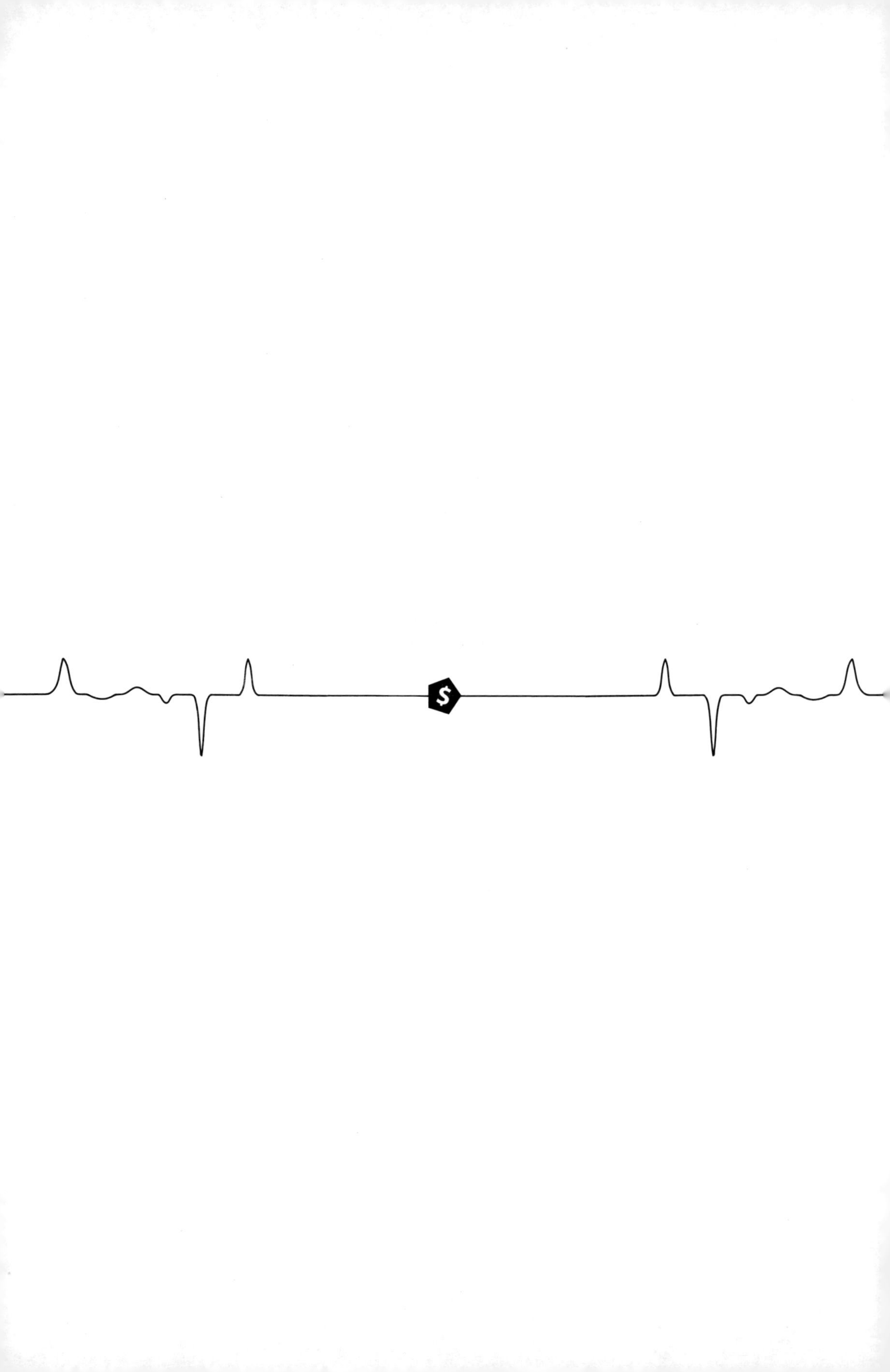

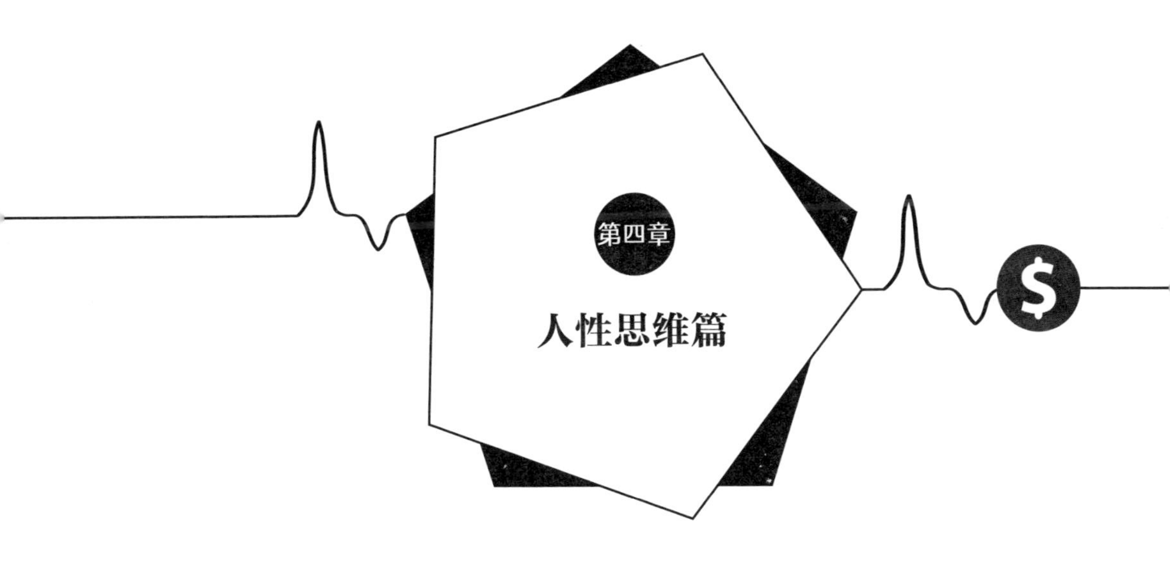

第四章

人性思维篇

何为人性？人性十大真相与营销策略

请你带着这三个问题开始阅读：

1. 人人说说人性，究竟何为人性？

2. 为什么说世上没有营销，只有人性？

3. 你的文案有没有顺应人性？

都说文案高手深谙人性，那究竟何为人性？

人性是人的本能，是支配人的行动的根本动机。

人性很单纯，也很复杂。简单时只有两种本能，生与死。复杂时，人性是黑与白的交织。人性最大的弱点是自私和贪婪，最大的优点是无私和奉献。而最奇妙的是，这些看似完全不同的天使与魔鬼的特质会出现在同一个人身上。

可以这么说，你若能读懂人性，也就读懂了人生，生活中所有困惑都会豁然开朗。向外求的人还在沉睡，向内求的人已经醒来。

我们读懂人性，不是为了去操控人性，而是踏踏实实地做点实事。读懂人性不是为了利用人性弱点，而是为了引发他人重视，切切实实为别人解决问题。

那人性与营销有什么关系？

正所谓，“世界上没有营销，只有人性。”如果你不懂人性，你的营销策略就会偏离群众，不可能触发响应。接下来为你揭秘十大人性真相与营销之间的关系，如果你悟懂并行动，你将有事半功倍的效果。

1. 人都是自私的，都会关心对自己有没有好处

正因如此，你的文案要对用户说，对用户好，要私下说，要戒除自我。同时，你还应该多强调产品给人的好处，而不是吹嘘产品僵硬的特征。很多人一上来介绍产品就是产地哪里，什么材质，用户听完后只会有一个反应，“跟我有什么关系”。客户只会为好处买单，不会为特征付费。好处是感性的，特征是理性的，理性引发思考，感性促使行动。

那什么是产品的好处，什么是特征？一张图带你了解。

图 4–1　产品的特征及好处

你不应该把精力全放在产品上，而应该放在用户的痛点和需求上。只有能解决问题的产品，才有价值。

2. 人喜欢追求快乐，远离痛苦，常常怀念过去，抱怨过去，害怕未来

有一个故事，说的是两个人过河，河水湍急，还没有桥，两人一开始都不敢过。后来他们发现河对岸有黄金，一个人就壮起胆子游过去了，可另一个人还是不敢过。这个时候身后突然出现了一只老虎，这个人也马上扑腾扑腾游过河了。

从这个故事中，你悟到了什么？

人们逃避痛苦的动力比追求快乐的动力更大。用户不会因为你的产品有多好而买单，而会因为发现了自己有这个问题，而你的产品是这个问题的“解药”才会买单。

你需要深挖用户的痛点，并由衷地为他解决问题。用场景引发用户对过去的怀念，对现状的不满，并用具体方案给对方实现一个更美好的未来，这样会让用户深度共鸣。

比如：与其说你来这里购物可以节约多少钱，不如说你之前多花了多少冤枉钱，多加了多少班，少陪了孩子多少时间，你的人生完全可以过得更好，等等，这样来得更深刻、更实在。

直面痛点绝对是吸引客户有效的方法，那痛点是不是越痛越好呢？当然不是。这里先卖个关子，后续会有一章专门教你痛点策略。

3. 人喜欢不付出就能够拥有

赠品总是博人眼球的，免费是最吸引用户的营销利器。不论你做的是什么行业，要想让客户接近你，你可以采用免费的武器。人们都喜欢免费的东西，不希望付出代价，只要有免费的东西给他，用户一般都不会拒绝。此外，提供额外的赠品也能让用户欢心。

4. 人不喜欢被推销

当你走在马路上或在书店时，突然有一个推销员走在你的身前，展示他的产品，你此时的心情是很烦的，你肯定不会购买。那么同样，你写的营销文案如果广告味太重，也会让用户很厌烦。你必须为用户提供价值，给他们好处，先付出，在适当的时候引出你的产品，这样才能有机会存活下来，否则通篇的广告只会是死路一条。

5. 人喜欢浏览，不喜欢阅读，更不喜欢垃圾信息

你需要锁定你的目标顾客群，针对他们想要的，在标题或开头就给他们一个感兴趣的信息，否则他们就不会阅读，只会把它当作垃圾信息。

想象一下，你花了一个星期才写好的一篇销售信，标题不够吸引人，开头也很乏味，让人看不下去，那么你之后的功夫都是白费了。高手都会在标题和开头下功夫，不然输在这里就太亏了。

6. 人都喜欢怀疑

他不相信你说的，更相信第三方或者权威人士的发言。你必须通过多种方式证明你所说的是实话，比如客户评价，视频演示，权威认证，朋友推荐，售后保障，等等。

7. 人都喜欢做比较

你必须强调“不一样”。你跟别人有什么不一样？你的产品跟别的产品有什么不一样？只有人们有足够相信你的理由，才会选择你。否则，凭什么是你？

8. 人都是懒惰的，喜欢拖延，害怕做决定

你必须把购买流程简单化，要做到简单、简单、再简单，但凡复杂你就有可能失去用户。同时你需要给出强烈的必须立刻行动的理由，否则一旦拖延，用户就不会再回头。

9. 人都害怕失去，害怕做出错误决定

你要塑造好产品的稀缺价值，给用户营造不买可能就错过了的感觉，并且要提供零风险保证，用无理由退换货来降低用户的风险，人一旦感觉到冒险，就会立即停止行动。

10. 人都容易着急，想要的东西，就想立即得到

在你的营销文案里，你需要告知用户具体的发货时间。你会发现标着“现货秒发”4 个字的产品永远都比标着“预售”字样的产品卖得好。如果你能确保人们尽快收到货，会让人快速下单。比如，今天就会发货，走顺丰快递，大城市隔天就能到达。这样的承诺，也会增加你的订单。

“世上没有营销，只有人性。”

懂人性不是为了让你去操控人，而是让你实实在在去帮人解决问题。你所有的策略只是为了引发用户的重视，没有重视就没有改变，没有改变就没有行动，没有行动自然不会有结果。

为了引发用户重视，除了要说产品的好处之外，还要说痛点引发的问题。回想一下，当你一味地说你的产品有多好时，用户虽然有点心动，但最终依旧没有下单，这背后的原因是什么呢?

如果你能引导用户去深度关注自己的问题，并指出不改变现状会引发的那些损失和痛苦，这时候用户才会自己做出决策。

永远记住，你的出发点一定是为了爱，而不是贩卖焦虑，不要为了成交而放大不知名的痛苦。你要引导用户找到一个做决定的理由，这个理由不光是要让对方看到“金山”，也应该让他看到“老虎”。

真实营销，为爱成交。你的存在是为了让用户变得更好。

总结

需要熟练掌握人性十大真相，并将这些落实到你的策略和文案中。特别是第一点要别注意，人们只关心对自己有没有好处，你需要多强调产品给用户带来的好处，而非僵硬地介绍产品特征。用户只为好处买单，不为特征付费。

互动思考

过去你写的文案是突出产品特征多，还是好处多？接下来你要如何做出改变？

影响用户决策的 12 个人性开关

请你带着这些问题阅读：

1. 为什么有些文案让你忍不住想要购买？

2. 为什么在直播间的氛围下，用户会因抢不到而心不安？

3. 这些文案背后究竟触发了什么？如何才能写出这样的文案？

告诉你一个秘密，人性是有开关的，当你按对开关，才能做对事情。

你可以悄悄地在客户的头脑中装上影响潜意识的开关按钮，当你想让顾客做出某种行动的时候，只需要按一下开关即可，就是这么神奇。

营销文案是如何运用人性开关引发用户快速响应的，秘密就藏在今天分享的 12 个查理・芒格的人性开关里。当你掌握了这 12 个人性开关之后，就可以影响别人快速做出响应和决策。请你必须保证做善良的事情，因为威力实在太大了。

1. 激励

查理·芒格说:“永远不要低估激励的作用，只要激励用得上，就不要用其他别的东西。”富兰克林也说过:“用利益而不是道理来说服人。”

你的文案一定要具有激励作用，用户看完后是积极的、热血的，而不是看完后心里很难受觉得天都要塌下来了。永远不要贩卖焦虑，而要给人一个美好希望。

2. 爱

人们渴望爱与被爱，爱既能把人推向巅峰，也能把人打入谷底。这世间有两股动力能推动人前进，一股是恐惧，一股是爱。但你需要知道，恐惧会生发出更大的恐惧，爱会生发出更大的爱。

你可以激发人的恐惧引发重视，但最后的落脚点一定要是爱，让用户感觉你内心深处是真心爱他，而不是恐吓他。

恐惧过度会让人心生厌恶，这就是为什么现在很多营销文案让人讨厌的原因。你为了达成目标，不惜残忍地揭开用户的伤口，狠戳用户的痛点，到最后却没让用户感受到爱。你的一切出发点都应该为了爱。

3. 讨厌不确定性

人们不愿意陷入怀疑和不确定状态中，总是想立即做出决定。限时限量促销变得管用就是这个原因。

4. 好奇

痛点可以忍，好奇不能忍。

你现在闭起眼睛，回忆一下：之前你看过的那些忍不住点开的文案标题，到底是怎么写的？是不是引发了你的好奇？一旦你的好奇心被激发，它就会像一只无形的手拽着你，令你根本走不动。只要你植入好奇心的关键词在文中，你的文案就跟被施了魔法一样，瞬间拧开用户心中的“好奇阀门”。当你掌握好奇的人性开关，你就能写出别人欲罢不能、想一口气读完的文字。

5. 嫉妒

推动世界的不是贪婪，而是嫉妒。比如“你不是怕老，而是怕比闺密老”。医美产品、护肤品、瘦身产品等可以让女人变得更年轻、更美，大多商家会启用这个人性开关。

6. 过度自信，只关心自己

人性的真相是，人们都关心对自己有没有好处，所以你的营销一定要让别人想要，而不是你硬生生地想卖。从想卖到想要，这中间隔着懂你和共鸣，“我”不重要，“你”才重要，“特征”重要，“好处”更重要。你要有用户思维，写用户爱看的，而不是你想说的。

7. 厌恶损失

人们厌恶确定的损失，甚至不惜冒巨大的风险来避免它。所以你必须要有风险承诺，让用户感受零损失。如果用户购买你的产品像开盲盒一样，一旦让他感觉到有风险，用户就会远离。你需要思考，为了打消用户疑虑，你能为他做什么？

8. 寻找认同

你的文字，要让人家觉得你懂他。文案中多用“你”，少用“我”，运用写作一戒律、三铁律写到用户心里，拉近距离，深度共鸣，增加信任与认同。怎么写比写什么重要，用别人喜欢的方式，写到用户的心里，达成自己的目标。

9. 对标

人们不擅长对一件孤立的事情做判断，一定要找到一个参照，通过和参照物的比较来进行判断。学会设置价格锚点，比如路边摊的包子 3 元一个你觉得贵，五星级酒店的包子 10 元一个你却觉得便宜，善于运用对标会让你轻松销售高价产品。

10. 万事有理由

事出必有因，要善于解释其原因。让别人做事一定要告诉他为什么，因为人人都想知道为什么。只要加上两个字“因为”，不管你后面说的是什么，别人都会多让着你一点。为什么做比做什么重要，因为初心会让你跨越鸿沟，打动人心。

11. 塑造权威

人性都是敬畏权威的。就好像你从小就对警察、医生这些人更加尊敬一样。如果你想要发售成功，就一定在别人心中，树立权威的形象。

普通人如何塑造权威？你可以展示你的头衔，也可以展示你的成果。你过去取得了什么样的成绩，如果很优秀就亮出数据；如果相对普通，就拿过去的自己跟现在的自己比。比如过去你很懒，现在坚持健身 1000 天；过去你是全职妈妈，现在你已经是职场女性；过去你很胖，现在你减肥成功。

12. 稀缺

稀缺是强大的人性开关之一。物以稀为贵，人们对于越稀缺的东西越想得到。原因很简单，你害怕失去，所以你想占有它。稀缺性会迫使人做决定，让用户知道，如果不抓紧机会，就必须承担负面结果（如涨价、断货等）。事实上，很多成交在最后时刻才达成，就是稀缺性起了效果。

心理分析专家指出，在人类进化的过程中，经常会遇到物资短缺的情况，而人类天生就具有占有欲，因此，越是稀缺的物质，就越是容易引起人们对其占有的欲望。那人性的开关隐藏在哪里？

人性的开关，通常都隐藏在潜意识里。

人 99% 的行动和决策都取决于潜意识，你一定要知道的关于潜意识的威力：

- **人的潜意识不会思考，只会条件反射。无法识别否定词，比如你告诫自己不要想酸酸甜甜的草莓，你想的一定是酸酸甜甜的草莓。**
- **如果你意识不到潜意识，那么潜意识将会操控你的生命。当你的潜意识一直都处于负面状态中的时候，也容易“心想事成”。**

比如你一直觉得自己很差，赚不到钱，久而久之，它就真的成了事实。潜意识不会思考，所以一定要多用正向的词。不要说我要减肥，而是说我要瘦！不要说我不想穷，而要说我是富裕的！你的文案，你的生活，你的交流，都尽可能要出现正面的词，正向沟通才能有正向的人生。

你一定要学会调整自己的潜意识，正向思考，做到言行合意，无我利他，真诚善良。

掌握人性开关，你就能影响别人的决策。你一定要做善事，如果你的产品和服务，能解决别人的问题，能帮助别人变得更好，就可以用这些人性的开关，让更多人信任你，从而帮助更多人。

所以，给他人带去美好，带去解决方案，说良善的话语，卖靠谱的东西，做最优的服务，做最善良的人吧！

总结

1. 为什么有些文案会让你情不自禁想购买，因为背后运用了人性开关，引发了你的好奇，激发了你的欲望，让你害怕失去而购买。

2. 以上 12 个人性开关里，每一个都有巨大威力，请一定要保持善良，做正规的产品，做有良知的人，为良心而赚钱。

互动思考

1. 你的产品可以运用以上哪个人性开关去引发用户重视？

2. 你的朋友圈、社群、直播间等，如何才能运用人性开关重新做一遍，激活老客户，引爆新客户？

发售与文案高手的七大顶级人性思维

请你带着这些问题阅读：

1. 人与人最大的区别究竟是什么？

2. 为什么同样起点的两个人最后会得到截然不同的人生结果？

3. 顶级高手的背后隐藏着什么样的思维模式？

你有没有发现，总有一些人，三言两语就能把困扰你许久的问题解决，总有一些人的文案能字字句句说到你心里，让你怀疑是不是在你家装了摄像头？有人面对考验，越挫越勇，而有人直接被打趴下再也起不来；有人能一眼穿透表象，看透本质，而有些人总轻易上当受骗，还埋怨老天不公。

这背后的逻辑是什么，人与人最大的不同究竟是什么？答案显而易见，是思维。

思维决定行为，行为决定结果。思维模式决定你如何看待和理解周围的世界，思维模式是你行为背后的原因，也直接影响了你的命运。

营销文案中，决定文案写得好不好，看的不是文笔如何，而是文笔背后的思维模式。文案高手都是人性高手，那背后究竟隐藏着什么思维模式？接下来为你深度分析文案高手背后的七大顶级人性思维，你将会深受启发，找到破局点。

1. 框架思维

框架思维的原理来自中国古代的铜钱。中国古代的铜钱外圆内方，这也是古人的一种处世哲学。为什么要外圆内方呢？对外你可以像球一样，很圆滑，遇事不怕事，逢山开路，遇水搭桥。内方是你为人处世的原则，如果你只有外在的圆没有内在的方，你就是一个懒散的人，每天活得稀里糊涂，如果你有圆又有方，那你大概率是一个厉害的人。

如果你留心发现，这世上通常有两类人，一种人做事有条理，目标很清晰，活得很潇洒，一种人做事懒散，不知道为什么活着，活得很辛苦。这背后一个很大的原因在于是否拥有框架思维。框架思维有做人、做事、意义三个维度。

没有做人框架的人，配得感很低，没有原则，容易讨好人，活在别人的眼里和嘴里，活得很辛苦。

没有做事框架的人，做事效率很低，没有条理，逻辑性差，忙忙碌碌，每天累个半死，却感觉什么也没做，成就感很低。

没有意义框架的人，活着没有目标，没有更高的追求，除了赚钱就是赚钱，不清楚来到人世间的意义是为了什么，终其一生忙忙碌碌，空虚一场。

什么是做人框架？就是你做人的原则。你知道什么该做,什么不该做，什么钱该赚，什么钱不该赚。正心正念，诚意正心，拒绝诱惑，做自己内心的君子。不管外在怎么变化，遇到怎样的考验，你始终坚守自己的初心，如如不动。

但现在，很多人为了赚钱，把初心弄丢了。特别是我发现在知识付费行业，很多人为了快速变现，说了一些自己不想说的话，做了一些自己不想做的事，虽然赚到了钱，内心却不快乐。

钱只是工具，而现在很多人为了赚钱，沦为了工具的工具，无论如何一定要坚守初心和原则，外圆内方。

什么是做事框架？是你做事的标准和步骤。

比如你是做营销的，你的成交标准是什么？是不是所有的人你都要与之成交？你敢于拒绝不合适的客户吗？敢于把送上门的不合适的钱退掉吗？

比如写一篇文案，你的写作框架是什么？是每次靠灵感还是靠系统？

比如你上一天班的工作节奏是怎样的？是有条不紊还是浑水摸鱼？

你必须去总结自己的做事框架，每天反思，这样你的效率才会越来越高。

什么是意义框架？意义框架就是你想做一个什么样的人？你的使命、愿景、价值观和你活着的意义是什么？你必须清楚，你才是自己人生唯一的负责人，你抱怨没有用，你想活出怎样的一生，取决于你自己的选择。

框架思维的魅力在于，拒绝越多，吸引才会越多。你需要设计你的标准，过滤用户，选对人，才能成事。我见过很多做知识付费的老师，因为选错了人，做不出结果，最后自己很心累，学员也很伤心。这就是没有制定选人标准。

我也见过很多卖家，把产品卖给了不合适的用户，一款面膜明明不适合易长痘肤质的人使用，却没有在页面上说明，也没有特别告知，最后用户使用后不舒服，自然会给你一个差评。

把对的东西分享给有需要的人，把时间放在对的人身上，才能拿最好的结果。做最好的口碑，继续吸引更好的人，才能进入正向循环。

2. 价值利他思维

商业的本质是价值交换，是用户和你都受益。基于价值的交换，成交有三种形式。

第一种，掠夺式成交。你得到了，用户失去了。这意味着用户是很不满意的。比如你卖了一个不合适的产品给用户，你收到了钱，但用户没得到想要的结果。这种掠夺式成交会无形中损耗你的能量。长此以往，你自身也会受影响。

第二种，给予式成交。用户得到了，你失去了。你心里是委屈的。比如你遇到某个客户总是坑你，一次两次可以，但是三番五次你还纵容的话，无疑是给他人一个宣告，允许别人来伤害你。真心对人是必须的，但不能没有底线。一次两次付出可以，但不能永久牺牲自己，委曲求全。

第三种，共赢式成交。用户和你都受益，我为你提供价值，你为我付费。这是一种最舒服的成交模式。你的文案必须像礼物一样出现在他人的世界，要么帮人解决问题，要么给人能量。

如果想获取共赢式成交，在营销路上，你要立志做一个“暖男”，价值付出，真诚关心，而不是做一个“渣男”，迫切成交，把人当流量。你的粉丝值多少钱，取决于你今天是养还是杀。

讲一个真实案例，我的一位总裁学员仅靠一个500人的粉丝群，一年做了3000万元的业绩，背后用的就是价值付出的策略。

她坚持了5年，做到了以下5点：

- 无自用不分享，选最好的产品为用户提供价值。（绝不为了钱而“杀粉”）
- 粉丝专属价，获专属尊贵感。（客户要的不是便宜而是特殊）
- 坚持礼物发圈原则，哪怕广告都爱看。（“养粉”）
- “暖男”行为分层关心，经营关系而非产品。
- 百万发售模式引爆新品销量。（卖什么火什么，后续的章节会讲到）

3. 平常心思维

抱着平常心而分享，不为成交而成交。

我们在这个世界上，不是每个人都要深交，不是与每个客户都要成交。对于可以把握的事，要精进，要拼命，对于无能为力改变的事，要学会放下。

不要执念，不要强求，你会更加洒脱。

营销也是一样，真实营销，为爱成交，爱有两种维度。初阶的爱，是以回报为前提的付出，大脑衡量值不值；高阶的爱，是选择，是成全，内心指引该不该。成交就是摘果子的过程，摘没熟的果子，不好吃，人会累。与对的人成交才是正确的选择。

4. 共赢思维

人生就像战场，人与人之间难免处于互相对立的位置，但是人生毕竟不是战场。战场上敌对双方中的一方不消灭对方，就会被对方消灭，但生活却不必如此，不用争个鱼死网破，两败俱伤。你的格局提升，你的世界就变了。你能成就多少人，就能有多大成就。

无我利他的营销之路，才能让你的路越走越宽。格局就是心局，你的心里如果装着用户，你的格局就在天与地之间，你的心里如果只装着蝇头小利，那你的路也不会走远。格局大一点，心胸宽一点，你会发现，这世间所有的能人，都敢于分担，也敢于分享。

5. 颗粒度思维

信息爆炸的年代，你每天睁开眼就被动接收很多信息，你自以为了解了很多，可要解决问题的时候，才发现懂的那点皮毛一点用都没有。要知道，有体系的解决方案才值钱。

你对知识掌握的颗粒度，决定你的方案的可落地程度，进而直接决定方案的效果。何为颗粒度？是对事物理解和表达的精细程度。

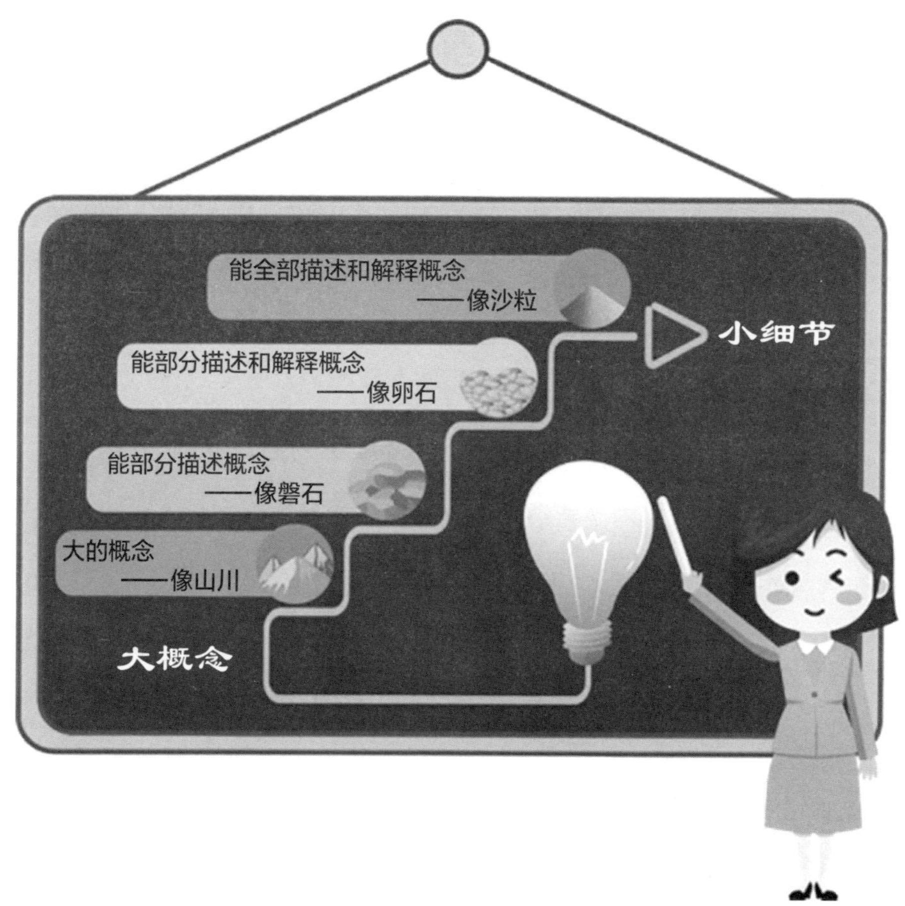

图 4–2　颗粒度概念

如上图，颗粒度最大的是事物的概念，类似于山峰，你只能模糊理解，无法执行。接下来是磐石、卵石，最后是沙粒。

越是专业，颗粒度越细；越是操作性强的，颗粒度越细；越是让你一眼能够洞察本质的，颗粒度越细。认知万米高，落地一根针。但凡不能落地的认知，都无法产生实质的结果。知识碎片化时代，颗粒度思维乃决胜千里的法宝，同质化竞争激烈，唯有打磨成一根针的颗粒度，才能突围而出。

举例：

要想写好文案，你需要将知识点细化，只有了解得更细，你掌握得才更系统、更全面。如：文案分为哪些类型？

什么样的产品需要什么类型的文案？

一篇好的文案标题，开头、正文是怎样的？

如何写好走心的文案？

用什么心法能快速写好文案？

什么模型能高效写文案？

什么时间发布文案效果更好？

如何让小白也能写好文案？

越系统、颗粒度越细的方案，对你的指导和实操的帮助就越大。

这三种颗粒度，在不知不觉中操控你的人生，你却浑然不知……

（1）时间颗粒度：是你管理时间的基本单位

你每天的时间是如何安排的？完成一项工作需要多长时间？跟同事沟通多长时间？跟客户见面多长时间？情绪低落多长时间？每天刷短视频多长时间？

传闻比尔·盖茨的时间颗粒是 5 分钟，从电梯到会议室的时间都精准计算；王健林的时间颗粒是 15 分钟；而普通人的时间颗粒是 2 小时，半天或者一天。时间颗粒度越细，你对时间的敏感度就越高，对时间的利用就会越谨慎。对时间的利用不同，人生也就不同。你每天是如何安排时间颗粒度的?

（2）情绪颗粒度

每个人对待客观事物态度的反映，就是我们所谓的“情绪”。每一个人对于情绪的感受能力、体验能力都不一样。

情绪是有颗粒度的。对情绪表达的具体、客观、细致程度，就是情绪的颗粒度。如果你问三岁的孩子心情怎么样，他会用开不开心来形容。如果你问你的先生，他会“嗯”，很久后可能才说一句“还好”。有些人会把不开心分为焦虑、不安、纠结、尴尬、难过，这就是不同之处。情绪的颗粒度越细，对于学会辨认真假情绪，获得他人共情和支持更有效率。

一个情绪颗粒度粗的人，是一个活得不知不觉的人，不知道为什么开心，为什么难过，习惯活在大脑的执念里，活在本能情绪里。只能被情绪左右，活成了情绪的奴隶。

而一个情绪颗粒度细的人，能看清楚情绪发生背后的原因，正知正觉地活着。当情绪来临时，我们能够跳出自己的情绪，能预见自己的情绪，也能觉察别人的情绪，活成了情绪的主人。

无关生智，局外生慧，情绪颗粒度细的人都是在无声地消化情绪中修炼出了心性，懂得把美好献给天下人。如果你不知道如何修炼情绪的话，可以回过头去再看看第二章智慧修情绪四步法。

（3）执行颗粒度

执行颗粒度是指工作安排的详细和清晰程度。

做事情既要有规划，也要有执行的颗粒度，否则事情就不可能落地、结果。你需要知道为什么做这件事情？需要达到什么目标？谁来做？什么时间完成？遇到问题如何处理？

……

执行计划颗粒度越细，越容易拿到与目标对应的结果。管理能力强的领导，都有运筹帷幄的能力，也有下地干活制定执行颗粒度细节的能力，一味地在阁楼上指挥打仗，是无法得到想要的结果的。

专注执行颗粒度，把一件事干到极致，胜过平庸地干一万件事。

6. 发售思维

销售思维注重自我推销，更考虑自身的利益，希望得到别人的认可，活成了追逐者的状态，注重“我是谁”。

而发售思维只管做好自己，把事情做好，把人做好，更希望成就别人，注重“我能为你做点什么”，可以吸引美好的一切。

发售思维与销售思维最根本的区别是逻辑的区别。销售思维是推销思维，而发售思维是吸引思维。

两者能量大不相同。

发售的威力为什么会这么大？事实上，你我都参与过发售，我们都看过电影，电影的上映就是发售的过程。为什么一部电影一上映就能卖座？

背后究竟做了哪些？你思考一下，假如电影上映当天才官宣上映，那票房将会有多惨淡？为什么苹果手机一上市就被疯抢？为什么一双球鞋价格能炒上天？这背后的威力就是发售。

图 4-3　普通销售和百万发售的区别

为什么发售能做到先赢后战？

赢自己：销售是寄希望于老天爷，你内心往往没有底气。而发售是通过谋略布局，一步步执行，你会信心倍增，做事带劲。

赢结果：销售是一对一，被人拒绝概率大，摊煎饼式地摊一个卖一个，累得半死还赚不到钱。发售是有布局和谋略的一对多，靠吸引成交，结果可预判，别人抱着钱来找你，一次发售抵别人辛苦销售半年甚至一年。

通过前期的价值塑造和充足的铺垫，你的产品还没正式宣布卖，人们就已经想买了。这就是想买在前，想卖在后，这就是先赢后战。

23 年前，国外就发明了发售，美国 16 年前就已经开始普及发售，中国到现在都还没有重视发售，很多中小企业压根不懂。我的发售实战超千次，早在 2013 年就开始用发售思维卖产品，不花一分钱打造爆款产品上千个，创下 10 亿元销售额。我立志普及发售技术，切切实实地帮助更多中小企业主用发售卖好产品，把命运掌握在自己手里。

可以这么说，当你学会发售这套系统，你靠自身力量就能把产品卖爆，甚至能拯救你自己，也能影响你的行业，团队的士气会再度提升。特别是中小企业，打造个人品牌的创业者们，发售是你逆袭的唯一通道。

7. 痛点场景思维

无痛点不营销。

何为痛点？很多人哪怕写了多年痛点也无法一句话讲清楚何为痛点。痛点就是人性里的怕，也就是恐惧。那人究竟怕什么？我总结了五大类 33 种怕，分别是：

- 工作学习上的怕：怕找不到工作，怕失败，怕挫折，怕负担。
- 心理上的怕：怕危险，怕黑，怕脏，怕遗憾，怕背叛，怕孤独，怕社交，怕找不到对象，怕孩子不优秀，怕丢脸，怕被拒绝。
- 生理上的怕：怕饿，怕困，怕累，怕胖，怕脱发，怕丑，怕生病，怕痛，怕吵。

- **时间上的怕：怕麻烦，怕死，怕没时间，怕老。**
- **金钱上的怕：怕没钱，怕被骗，怕吃亏，怕损失，怕失信。**

任何时候只要你对照这五大类 33 种怕，就能迅速找到你产品对应的人群的痛点，然后对症下药。

那何为场景？场景就是什么时间、什么地点做什么事。为什么要利用场景触发情绪？因为理性引发思考，感性促使行动。

举例：当初你下决心买某套房子，也许不是因为有多少理性分析，而是站在样板间里，想象出了自己躺在沙发，躺在拥有广角飘窗的卧室里那张大床上的满足和惬意，再加上今天正好是某个优惠政策的最后一天，你这才下了决心。

再举个例子：假如你是卖眼罩的，正常的产品思维是一上来就介绍产品功效和特征。

“我们这款眼罩是什么材质做的，可以发热几个小时”，这样推销味太重了，你知道，人们是很讨厌被推销的。

那场景思维应该怎么做呢？

首先，要客观指出用户会用到眼罩的场景，再关心用户的感受，为用户解决问题的同时，提供情绪价值。

举例：

你一天看电脑超过 8 小时，眼睛很干涩的时候，你能为眼睛做点什么？

你出差，在飞机上疲惫不堪，想好好眯一会儿却睡不着，你能做点什么？

如果你贴上它，会让你的眼睛立马舒缓，15 分钟恢复一双炯炯透亮的眼睛。

飞机上你可以做一次眼部 SPA，一落地就精神抖擞；晚上睡觉怕光，睡不好，戴上它一觉睡到大天亮，第二天容光焕发，走路都带风。你每天那么忙，前面还有那么长的路要走，眼睛一定要好好爱护，你那双水汪汪的眼睛如果不舒服了，我都替你心疼……

你对比一下，哪种更打动人？很明显是第二种，这就是痛点加场景的威力，触发你的情绪共鸣，再加上能为用户解决问题，用户立马就心动了。

痛点和场景结合，往往会有加倍的效果。

假如是在这样的场景下，你和男神约会，花前月下，你侬我侬，男神低头想要亲吻你时，看到你头发上的头皮屑，你心里痛不痛？

比如你要减肥总觉得没有动力，而下一个月你要参加闺密的生日宴会，那么多人只有你最胖，你都不敢合照时，你心里痛不痛？

你要记住，**你卖的不是产品，而是结果，是让人变得更好的结果；你卖的不是产品，而是感受，是让人感觉人间值得，人生可以更美好的感受。**永远记住，**理性引发思考，感性促使行动**，痛点、场景结合在一起就是拧开情感的阀门，让人欲罢不能。

总结

文案写得好不好，看的不是文笔如何，而是文笔背后的思维模式。文案高手大多拥有七大人性顶级思维：

框架思维，让你为人通透、做事有效率。

价值思维，持续输出价值，让产品像礼物一样出现在别人眼前。

平常心思维，抱着平常心而分享，不为成交而成交。

共赢思维，一切的问题都是格局境界的问题，境界一旦提升，问题立刻消失。

颗粒度思维，唯有打磨成一根针细的颗粒度，你才能在同质化竞争中杀出血路。

发售思维，告别一对一的销售，像好莱坞大片一样用发售引爆你的产品销量。

痛点场景思维，痛点引发重视，场景触发情绪，拧开情感的阀门才能快速行动。

互动思考

以上七大顶级人性思维，是一个文案高手必须修炼的，哪一个思维对你影响最大？

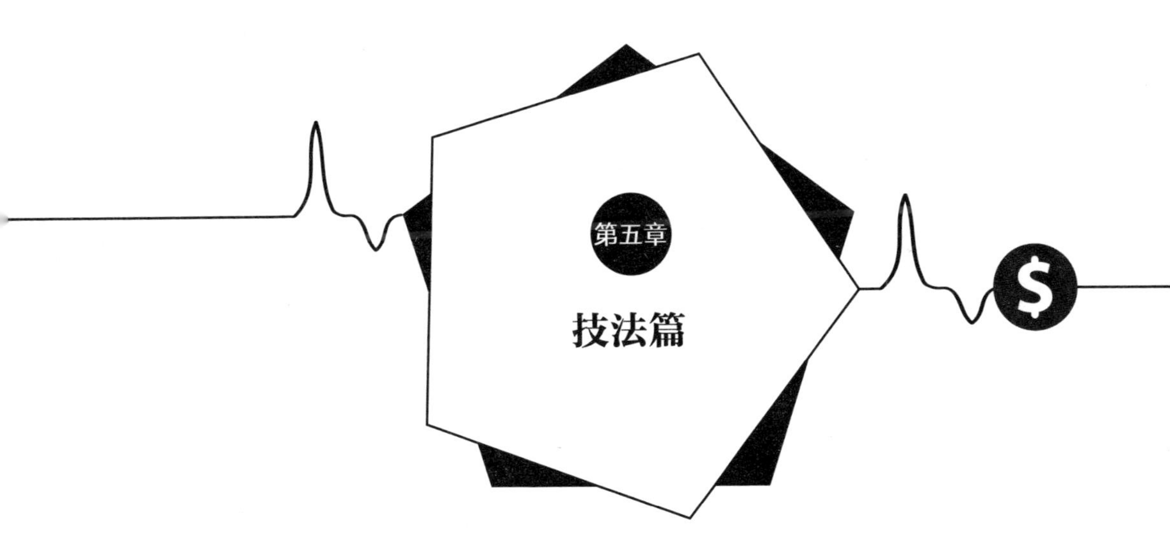

第五章 技法篇

文案“七宗罪”，你有没有涉嫌

请你带着这三个问题阅读：

1. 想要成事，除了“佛祖心”还要具备什么？

2. 文案“七宗罪”，你涉嫌犯了哪宗？

3. 如何才能写出让用户欲罢不能的文案？

前面我们深度分析了文案高手为什么要修心的三个原因，也讲透了“真实营销,为爱成交”的两种境界,相信你内心的“佛祖心”早已被唤醒，而此刻，我想问你，为什么这世间有那么多人，明明心里很有爱，却成不了事，赚不到钱？要想成事，光有“佛祖心”就够了吗？不够！

要想成事，“佛祖心”和“帝王术”缺一不可。

“佛祖心”是敬天爱人，是成就他人，成就客户，成就员工，只要坚守这颗初心，你就不会偏离正轨，不会被利益牵着跑。**“帝王术”是你成事的决心和谋略。**

在文案营销上就是你落地的策略和方法。

“帝王术”有多重要，我来讲个故事。有一个人，特别想做纯粹的教育，不喜欢目前商业教育的氛围，于是斥巨资开了一所很大的学校，他发誓要做最纯粹的教育，让孩子们安心快乐地上学。他要求学校里不可以有一点商业的尔虞我诈，所以连小卖部都不让开。

结果呢，夏天来了，学校里连空调都没有，孩子们热得要命。慢慢地，学生都走了，老师的工资也发不出去了，学校也倒闭了。所以光有爱，是不够的。

如果你只有爱，没有谋略，是不可能成事的，也不可能帮到更多人，如果这家学校好好经营，适当参与商业，学校能适当赚到钱，孩子们能生活得更好，学校也能继续办下去。

我们在社会上，需要在事上磨，在心上炼。只赚钱不修心，不过是个普通商人罢了。而如果你只修心不赚钱，那就像一具空壳，修得越高，摔得越惨，你不可能只靠呼吸活着。如果你想修炼“帝王术”帮到更多人，那就接着往下看吧，接下来将要带你进入营销文案的实战环节。

想要写好营销文案，首先必须学会“避坑”，在过去的 14 年实战中，我发现很多撰写文案的人，都难免会涉嫌文案的这“七宗罪。”对照一下，你占了几项？

1. 自我感动，过分谈论自己

自我感动式文案有两种表现形式，一种是自我感觉良好，觉得自己的产品天下无敌，开口闭口都是产品功效有多好；另一种是觉得自己写作功力无敌，各种套路、关子，以为一出手就能够引来喝彩无数，但其实用户无感也无效，用户不买账。

人性的真相是，人们都关心对自己有没有好处。举个充电宝的例子，用户不想看你怎么夸自己的充电宝，只想确保自己的手机在紧要关头不断电。

如果你写的是自己想写的，并不是用户想看的，那么后果就是你直接被屏蔽，你自以为写得很辛苦，其实是自我感动。

2. 过分夸张，不真实

你可能看到一些文案的开头，标题是“还有谁想年入百万？”“用了这个方法，很快年入百万”等。另外还有一些字眼，也会让用户有一种夸张的感觉，如“神奇”“革命性”“稀奇”之类的词，都容易让用户心里产生防备。

坦白说，你看到这样的文字，你觉得真实吗？也许之前会管用，但现在的用户已经很聪明了，你是不是想推销，你接下来想干吗，用户一眼就懂了。与其夸张地去说效果，不如真心实意地去分析现状，说出产品的缺点和风险，你可以如何去解决，愿意为此承担什么风险，真实营销，真诚才是唯一的通行证。

3. 硬来，不走心

硬来的人，在他的眼里只有成交，没有情感，他就是一个没有情感的刷屏群发机器。既然你不在乎别人的感受,别人为什么要在乎你的感受?商业的本质是价值的交换，如果你的价值是为人制造信息垃圾，那用户给你的回礼自然是屏蔽。

4. 费解，看不懂

有些人喜欢在文案中加入一些专业词汇，这里有两种情况，一种是特意让自己看起来更专业，追求高大上；另外一种是陷入“知识诅咒”，以为自己懂，所有人都懂，没有用用户思维去理解这个问题。

不管是哪种情况都是不合适的，你都应该写大白话，你能与多少人成交取决于你的文字有多少人看懂。人是容易怀疑的，一旦看不懂就会离开。你不是诗人、作家，你是键盘背后的顶级销售高手，你要做的是说人话，说受众能听得懂的话。

5. 排版密密麻麻

人们喜欢浏览，不喜欢阅读，如果你的文字排得密密麻麻，铺天盖地都是字，用户一看到就会想退出，更别说要去看你的全部内容。

好的排版就是给用户的眼睛做保健，你必须确保你的排版是用户轻松容易阅读的,尽量把每一句话控制在20字以内,每段排版不要超过3行，如果超过了，可以另起一段。

6. 信息沉闷，啰唆冗长

伏尔泰不厌其烦地告诉我们：“沉闷的秘密是事无巨细，全盘端出。”沉闷是失败之母。你的文字必须有理有据，还要轻松有趣。你可以用讲故事的方式写作，用对话场景写作，用书信的方式写作，这样做的目的是确保你跟用户心里的 Wi-Fi 随时都能连上线，而不是读两句就让用户哈欠连天。

7. 卖点堆砌，没有重点

文案其实是一种战略。何为战略？略就是舍，有略才有战，一条最佳文案，卖点只有一个。很多人之所以写文案失败，就是因为贪多而全。

还记得有一次我指导一位总裁学员写一款面膜的文案，我问面膜有什么功效？他说可以紧致，嫩白，保湿，祛痘……听到这儿时，我说停，你自己觉得信吗？他说不信。

如果你都不信，用户隔着屏幕又怎么会信？一款产品，独特卖点不允许超过三个，甚至你把一个卖点讲透就足够了。不要试图把产品卖给所有人，你只需要把产品精准地卖给需要的人就好了。你想得到所有人，到头来会失去全部人。

写文案不是闹着玩的，也不是为了让用户猜，更不是为了卖弄文采，你需要时刻心里装着用户，重视用户的感受，解决用户的问题。只有你把用户放在比自己还重要的位置上，你的文字才会开始变得走心。别因为一时疏忽和自以为是，葬送了自己的文案。

总结

与对的人成交才是正确的选择。写文案首先要提炼自己产品的最佳卖点，再着手去写，过度堆砌卖点，结果就只有自讨苦吃。要避免这文案“七宗罪”，需要谨记写作“一戒律、三铁律”的 13 字顶级心法，每晚睡前都背一遍，把它们刻进你的内心深处，形成固定思维。

互动思考

过去你的文案犯了以上“七宗罪”的哪些？你打算如何去优化？

卖不出去，是因为准备不足

请你带着这三个问题开始阅读：

1. 开始做一件事，买一个产品前，你会做哪些准备？

2. 你为什么要做这件事？为什么要卖这个产品？你有没有思考过原因？

3. 你有没有去研究用户内心真正关注什么问题？想要什么结果？

这世间有两种痛最难以言喻，一种是你最好的朋友突然做了微商开始刷屏卖货，另一种是凌晨两点你还念念不忘的前男友发来信息："在吗？"然后跟了一句，"可以帮我'砍一刀'吗？"你终于含泪忍痛把他删除还拉进了黑名单。

如果不能像礼物一样出现在别人的世界，那就不要出现好了，以免造成打扰。而你的产品和文案对别人来说，是礼物还是打扰？是惊喜还是惊吓？这取决于你是否做了充分准备并给予用心交代。

问自己一个问题，你决定做一件事情前，你做好准备了吗？那些原本以为很好卖的货，为什么最后烂在了仓库里？

卖不出去，坚持不下去，是因为准备不足。今天就深度揭秘准备不足给你带来的危害，看看准备充足带来的威力。

准备分为两个阶段，感性准备阶段和理想准备阶段。

何为感性准备？

可能你之前没听过，准备还分感性吗？没错，感性是你的信念层面，是你能否真正做好一件事的“道”！

如何做好感性准备，分为两步。

1. 爱上你的产品，爱上你要做的这件事

没有爱，你是做不好事情的。很多人突然开始做微商，通常都有两种结果。一种是亲朋好友被你突然卖产品这个动作吓倒，你被朋友嫌弃，可能还会被删除；另一种是你对做的这件事，卖的这个产品如果没有任何爱，你写的文字就很冰冷，一旦你做了一段时间没有得到相应的回报，你会迟疑，会后悔，甚至陷入反反复复的自我拉扯和能量消耗中。

你为什么要卖这个产品？为什么要做这件事？为什么做就是你做这件事的“道”，弄清楚这个，就能指引你在迷雾中坚守自己的方向，坚守自己的初心。

把你为什么要做这件事的原因告知别人，就是情感交代的过程。就是感性准备的过程。代表你已经准备好了，你的心也已经准备好了，你

在为做这件事负责。

高手和普通人有什么不同？

举个例子，你要做一款红酒。普通人一上来就发广告，说这款红酒有多么好。而高手通常会做这三步。

第一步，写一个故事，一个自己一路走来，跟红酒之间的故事。其中，分享红酒给自己带来了怎样的感受，在红酒相伴的路上踩了很多“坑”。这样，你的初心是为了分享价值，传递美好，帮助其他人防坑避坑。

第二步，你会真心实意地告知朋友，你即将做这件事，你会对自己做这件事负责，你没有冲动，这是你深思熟虑后做出的决定。

第三步，你会告知对方为什么那么多款红酒里选择这一款，它跟别的酒有什么不同，你是如何辛苦找到它，它适合谁，不适合谁，要真心实意地分享。

你的起心动念，决定文案的质量。不管你卖什么，你才是品牌。你要对自己有信心，坚信自己能解决他人的问题，并把做这件事的原因，告知所有人，光这一点，很多人都没做到。

爱的桥梁很重要，如果你心中有爱，如果你爱自己的产品，爱自己的用户，你才可以把产品当成作品一样打造。如果你心中没有爱，对产品也不爱，你就只能写出行尸走肉般的文字，别说打动别人，连自己看了都讨厌。试问，这样的文案怎么可能带来成交？如果你没想好为什么做这件事，如果你对卖的这个产品一点感觉都没有，就先不要下笔，先好好培养感觉。

2. 走到你的目标客户中，听他说

走到你的目标客户中去，听听他们怎么说，他们怎么想。很多东西是数据没法传达的，数据是冷冰冰的，而人是有温度的。当你真正地接触到你的目标客户，深入沟通，才能真正了解他们到底想要什么，到底害怕什么。

约翰·卡普尔斯在写销售文案时，会骑车到目标客户的城市去转上一圈；霍普金斯在写销售文案时，会花几周时间一家家地推销他的产品；史玉柱在卖脑白金之前，会在超市里一蹲就是好几天，他还会到乡间巷里、老年人活动中心调查市场需求。

我写文案时，会找一些目标人群深度沟通，询问他们喜欢什么，不喜欢什么，害怕什么，踩过什么“坑”，对价格的期待是什么，有怎样真实的体验。这些热乎乎的感性反馈才能帮助你写出走心又能爆卖的文案。

做好了感性准备后，接着要做理性准备。如果说感性准备是支撑你做这件事的动力，理性准备就是你怎么做好这件事的战术。理性准备分为以下三步。

1. 了解你的用户是谁

不要指望把产品卖给所有人，卖给对的人才是你要做的。

了解目标顾客的 6 个重要问题：

（1）客户的痛点是什么？

举例：学文案最怕学完不能落地，学的时候很兴奋，学完写不出来，拿不到自己想要的结果。

（2）客户怕什么？担心什么？

举例：客户很怕学不会，担心被“割韭菜”。

（3）客户曾经遭遇过什么？

举例：客户曾经遭遇过，没有学到真正实战的文案变现系统，有的课程只是网上零零星星的拼凑，学的时候很兴奋，学完无法落地。

（4）你的具体解决方案是什么？为什么你能解决？

举例：我的解决方案是手把手教，用大白话，把我 14 年变现 10 亿元的文案秘籍，揉碎了教给你。其中，有心法，能够彻底打通你的思维，唤醒你内在的灵感和原动力；有技法，直接套框架，套公式，哪怕是“小白”都能轻松学会。

为什么我能解决？

举例：我过去没有花一分钱广告费，创下 10 亿元的业绩，全靠私域和营销文案。我卖过美容仪、护肤品、彩妆、衣服、鞋子、知识产品，12 小时销量过万过千的比比皆是。我知道什么类目应该怎么卖才能卖爆，并且浓缩成了文案银行成交系统，完全可复制。

（5）你跟竞品对比最大的差异优势是什么？

举例：实战能力，14 年一线实战，踩过“坑”，也打过胜仗，我懂你怕什么，知道你想要什么。手把手带教，对你的结果 100% 负责。

(6)顾客对你的产品的顾虑会是什么?你怎么消除?

举例:颠覆行业的承诺，学完对你没帮助，我不问你任何理由，全额返还你的费用，额外补贴 2000 元红包。这是我的诚意，更是我的底气。我不做知识付费，只做知识服务。

2. 打造产品的独特卖点

找到差异化优势塑造价值，才能让你的产品在竞争中杀出一条血路。

了解竞品的 5 个策略:

- 通过淘宝、小红书等网上搜索找到该产品的竞品，分析优势和你可以弯道超车的机会。
- 找到用过竞品的人，询问真实利弊感受并记录。
- 亲自体验竞品，记录细节对比。
- 收集竞品是怎样宣传和推广的。
- 准备好疑问，亲自跟竞品方联系解答，看看对方是如何解决这些疑难杂症的。

了解清楚后，你需要打造产品的独特卖点，才能与你的竞品有所差异化。这个卖点就是用户非买不可的理由，只有你家有，别家没有，从而激发用户购买的欲望。

3. 制定欲罢不能的成交主张

如你卖什么价格，有什么优惠，提供什么风险承诺，等等。

记住，你不是在卖产品或者服务，你是在卖成交主张。你必须想出一个让用户无法抗拒的成交主张，有零风险承诺比没有零风险承诺，成交率会大幅度提升。

例如：

主张 A：这款产品的价格是 199 元。

主张 B：这款产品的活动价格是 199 元，30 天买贵退差价，并承诺 30 天试用不满意无条件退款。

哪种更有吸引力？显然第二种成交主张比第一种更有吸引力，打消了用户的疑虑，给予了用户十足的安全感，成交率自然会更高。

所有的营销活动到最后都是卖一个成交主张。如果你的主张没有吸引力，再好的营销设计都是徒劳。

那成交主张最重要的是什么呢？

成交主张包含产品、价格、交付方式、超级赠品、零风险承诺、稀缺性、紧迫感，其中零风险承诺和稀缺性尤为突出。

很多人会担心，零风险承诺会不会亏太多？

有数据研究证明，只要提供零风险承诺，销售额甚至会提升 3 倍，对于你最关心的退货问题，只要你的产品如你说的一样好，退货率最终也会控制在 23% 以内。你说这样值还是不值呢？

如果你把零风险承诺当作一种哲学，一种修炼，慢慢地把它变成一个习惯，你的内心是无比轻松和潇洒的，因为你赚的每一分钱都心安理得。

总结

文案失败是因为准备不足，准备分为感性准备和理性准备。感性准备让你成为一个有心人，把你为什么要做这件事的原因解释给所有人听，这是你的责任，也是高级的营销哲学。

理性准备是不打没有准备的战，知己知彼方能为用户解决问题。

互动思考

你的产品目标用户最关心的 6 个问题的答案是什么？如何制定让客户欲罢不能的成交主张？

14 个卖点必杀技赢得同质化竞争

请你带着这三个问题阅读：

1. 要想在同质化竞争中杀出重围，你需要怎么做？

2. 你的产品的独特卖点是什么？你是如何找出这个卖点的？

3. 什么才叫真正的产品差异化？

同质化竞争激烈，你的产品何去何从？是眼看着沦为炮灰，还是找准独特卖点，塑造差异化，在同质化竞争中杀出一条血路？

物质过剩的时代，睁眼闭眼全是产品广告，究竟有没有一股清流能真正让你心动？作为产品创始人、文案撰稿人，你如何才能让你的产品在同质化竞争中杀出一条血路，成为用户的优先选择，乃至唯一选择？

你必须为产品找到独特卖点。那何为产品卖点？简单来说就一句话，给用户一个买你的产品（而不是其他产品）的理由。这个理由越充分，你的产品会卖得越好。

独特卖点，必须满足三大要求：

要求一：你能做到，而竞争对手做不到。

竞争对手不敢承诺，你已经把它做到并且能够承诺，就应该率先提出，这样就很容易获取用户的信赖。

举例：文案银行成交系统，学完 90 天，没有效果全额退款，并额外补贴 2000 元，奖励你的付出。

要求二：真实客观，不可吹嘘。

卖点不是忽悠用户的口号，而是强有力的承诺，必须经得起市场和用户的考验，一旦你有任何一次伤害用户，用户将很难再回头。

要求三：可感知和衡量的价值。

抛除心理滤镜，必须能让用户真切地感受到，而不是只有心里模模糊糊的印象。越具体，越能感知，这个卖点才越有杀伤力。

接下来从 14 个维度提炼你的产品卖点，你需要找到产品最合适的维度，然后垂直放大你的卖点，让优势变得更突出。

维度 1：场景

无场景不营销，你卖的不是一个产品，更是让用户变得更好的生活方式。做好卖点场景化，让用户产生共鸣和冲动，可以触发用户情绪，提升产品销量。

以按摩仪为例，目标用户是经常低着头工作的人。他们有什么诉求？缓解肩颈压力，产品颜值最好高一点。

根据诉求推演使用的场景，如：上班久坐脖子酸痛，做家务久了脖子酸痛，看电视、玩手机脖子酸痛，加上颜值高，发朋友圈，还能收到朋友圈的认可和点赞。

那我们可以这样做卖点场景化：

你每天低头久坐 8 小时以上处理工作，回到家还要做家务，脖子好像灌了铅似的，抬头都费劲。我知道你已经很累了，这时候如果把它拿出来，放在你僵硬的脖子上按摩 15 分钟，你会舒服到快要睡着，像换了一个新脖子一样轻松！颜值还高，你看一眼就喜欢，为了生活变得更好拼尽全力的你，答应我，对自己也要多一分用心，照顾好自己。

这就是卖点场景的威力，如果你的产品在技术上并没有很厉害的属性，就一定要找准场景，场景触发情绪，也就是感性，感性促使行动。与其毫无感情地描述一堆冷冰冰的特征，不如具体描绘一个场景，走到人心里。

维度 2：效率

人性的真相是希望自己更快速地获得某种好处，尤其是处在现在这个快消时代，你的产品越能高效地满足客户需求，就越能打动用户的心。

比如：快餐店主打“半小时送到，否则半价”；快递公司主打“隔日送达”；润喉糖主打“金嗓子喉宝，入口见效”；某美容仪器主打“5 分钟做完一边脸，脸小一圈”。

维度 3：服务

物质泛滥的时代，服务被用户看得越来越重。没有人会选择服务差的地方消费，除非你的产品是世界上独一无二的，但很多品牌根本做不到这点。所以还是乖乖干好服务，这样不仅可以瞬间吸引客户，还可以形成口碑传播。

需要注意的是，如果你的产品是以服务为卖点，必须做到清晰、具体、可量化，否则就不能称之为有效的服务卖点。

比如，海底捞等位 15 分钟以上可以享受专人帮你免费美甲、擦皮鞋；某超市的卖点是购物满 88 元送货上门；某火锅店的卖点是“用山泉水烫菜，1 小时换一锅水”。再比如，某店的售后服务是 30 天拆封无理由退换，让消费者没有后顾之忧。

你的服务提供得越量化越具体，客户感知得越清晰，类似“服务是我们公司的使命”“客户是上帝”这类空洞的宣传，就不要写了，那是纯自我感动，用户并不能具体感知。

维度 4：价格

价格是影响消费者决策的重要因素，任何时候只要价格实惠，你的产品就能很快在市面上杀出血路，因为人们都更喜欢性价比高的产品。

瓜子二手车的卖点是“没有中间商赚差价”，沃尔玛的卖点是“天天低价”，电商网站上 9.9 包邮的产品不愁没销量，超市里的特价产品永远放在最抢眼的货架上。

维度5：稀缺

人性害怕失去。“物以稀为贵”之所以有效，是因为随着产品的减少，人们很害怕失去。

比如：某桃花酒的卖点是“采取祖传工艺酿制，每年限供1500坛”。某土鸡餐饮店的卖点是“因为农村土鸡量有限，每天仅为50个客人提供土鸡宴，需提前3天预订”。

稀缺性的使用能驱动消费者购买的本能冲动，制造紧迫感（限量发售、限时抢购、提前预订）能更好地辅助稀缺性卖点的发挥。

稀缺策略之所以有效，是因为你让客户着急了。谁着急，谁的购买欲就强。稀缺性会迫使人做决定，你必须让用户知道，如果不抓紧机会，就必须承担负面结果（涨价、断货等）。事实上，很多成交在最后时刻才达成，就是稀缺性起了效果。

维度6：质量

产品质量永远是客户最关注的。假如自己的产品质量过硬，请不要吝啬，大胆喊出来。

比如：养生堂天然维生素C，提取自巴西针叶樱桃。

有趣的是，你的生产工艺，要么讲传统，要么讲先进。比如王的手创，云南当地少数民族传统手工刺绣；康师傅纯净水，纳米级净化。

维度 7：选择

为什么客户会“货比三家”，因为人们喜欢对比，从而挑选出自己最喜欢的东西。

利用更多选择作为卖点，能吸引特定客户的关注。比如：自助餐的卖点是“只需要 299 元，108 种菜式任你随便吃”。

维度 8：方便

客户都喜欢方便，不愿意麻烦，假如你的产品和服务能够让客户方便，以此卖点为宣传，能吸引一大批嫌麻烦的客户。

比如：某酒店卖点是“内设停车场，提供特惠洗车服务”；京东物流卖点是“京东到家，送货到家”。

一旦你的产品让用户感到麻烦，你一定会失去部分用户。审视自己的产品有没有给用户带来方便，这将会是很强有力的卖点。

维度 9：实力

人都是向往权威和实力的。这是人性底层的安全感。实力往往来源于过往的成绩、技术、产品资质等。

比如：14 年实战经验，带团队用文案变现超 10 亿元，带领总裁一个月业绩翻倍，三个月业绩翻五倍，等等。

注意：实力也必须可量化，有证可考。如厂房真实照片、商品实拍图、生产包装过程、品牌授权证书、检测报告资质、以往客户名单、权威机构认定、权威机构文章等。

维度 10：附加值

人性希望不付出就获取更多。在提供同样的主营产品的情况下，你比竞争对手额外多提供价值或赠品，客户会优先选择你。

比如：火锅店的卖点是“任意点 5 份肉可以免费获得 68 元的锅底”；某服装店的活动是“任意消费 699 可以免费获得一件价值 69 元的背心”。附加值产品要与主营产品搭配好，才能相得益彰。

维度 11：情绪价值

消费者除了物质需求，还有情感需求。刺激打动消费者的情感，也能够驱动购买。孝顺和公益是两种常用的打动消费者情感的方法。

用脑的时代过去了，用心的时代来了。所以，为产品赋予情绪价值，很多客户都是因为情绪价值而买单的。何为情绪价值？用 10 个字直白概括就是：宠他、爱他、懂他、给他面子。

比如：小时候说有钱了就要犒劳父母，现在有钱了，今年过年给爸妈买瓶茅台酒，一起聚聚过个好年。

比如：是谁，每天还没睁眼就已经为你做好早餐；是谁，出门前抱着你说拜拜；是谁在上班前帮你打好领带；是谁，每天一回到家，就为你做好了一桌好菜。是我的妻！而我开不了口说谢谢，只想用行动表心怀。都说睡得好，身心才更健康，我选择 ×× 枕头，让她一觉睡到天亮来诠释深爱，让她身体健康，迎接我们更好的未来！

维度 12：重塑认知

我们不一样！很多时候，你以为消费者都知道的常识，其实他们不知道。你需要把这些不一样喊出来，谁先喊，谁喊得响亮，用户就认谁的。

比如：我有位总裁学员做束腰产品，在大众眼里束腰是很闷很勒的，但是她做的新型束腰跟丝袜一样薄，像人身体的皮肤一样亲肤。这就是重塑认知。比如，过去瘦身必须节食，现在提出的生酮瘦身法，你每天吃肉还能瘦，这些创新方法直接冲击了消费者的固有思维。

维度 13：社交需求

马洛斯需求层次理论提出了消费者具备社交需求。例如某明星光顾过的餐馆，“90 后”放弃百万年薪辞职做的品牌，这些都能够成为消费者的谈资，为你的产品传播助力。

还有这样的互动式体验，江小白让粉丝参与撰写文案，小米让粉丝参与手机产品体验会，这都能满足粉丝社交需求。

维度 14：价值共鸣

价值共鸣是提炼卖点最高级的用法，是情感需求的升级版。通常用故事来塑造，常用的有独特人格魅力、匠人精神、可持续发展理念。

举例：

独特人格魅力：锤子手机的老罗，一句彪悍的“人生不需要解释”让多少热血青年动容。

匠人精神：某品牌醋的创始人，因为妻子生完小孩后曾在坐月子期间受风，一直有腰疼的毛病，没法久坐，天气变化时更是疼得厉害，膏药不离身。后来妻子体检还被发现有一个 2.5 厘米的子宫肌瘤。为了帮妻子调理身体，一直坚持古法酿造食醋的他开始挖空心思，研究能够帮助她调理身体的好醋。别人酿一批醋，只要 45 天，他酿一批醋，差不多要 2 年。因为每酿一批醋，都要做好养土—养缸—养醋这个过程。他被称为台湾酿醋的傻人，为爱妻花 30 年坚守古法酿一缸好醋，最后妻子竟然痊愈了。

价值共鸣是最快拉开你和竞争对手不同的方法，因为世界上只有一个你，你就是独一无二的。

当你在文案中，将你的故事和经历、你卖这款产品的理由，全部写出来，这样，在读者看来，即使产品一样，但是文案的作者不尽相同。很多时候，消费者会因为认可你而购买你的产品。你一定看到过这样的评论，“我觉得你的故事很励志，我决定购买你的产品”。

卖产品不如卖故事，人们更愿意选择购买有故事的产品。

以上 14 个维度都能很好地帮你提炼产品的独特卖点。要记住，战略的本质就是舍弃，不要平均罗列产品卖点，平均等于平淡。找到 1 ~ 3 个卖点，深挖，垂直放大，给用户共鸣和记忆点，你的产品才能激发用户的购买欲，从而产生行动。

总结

要想在同质化竞争中杀出血路，必须找准产品的独特卖点，这必须满足三个要求，并从 14 个实战有效的角度提炼你的产品独特的卖点，让你成为用户的优先选择乃至唯一选择。

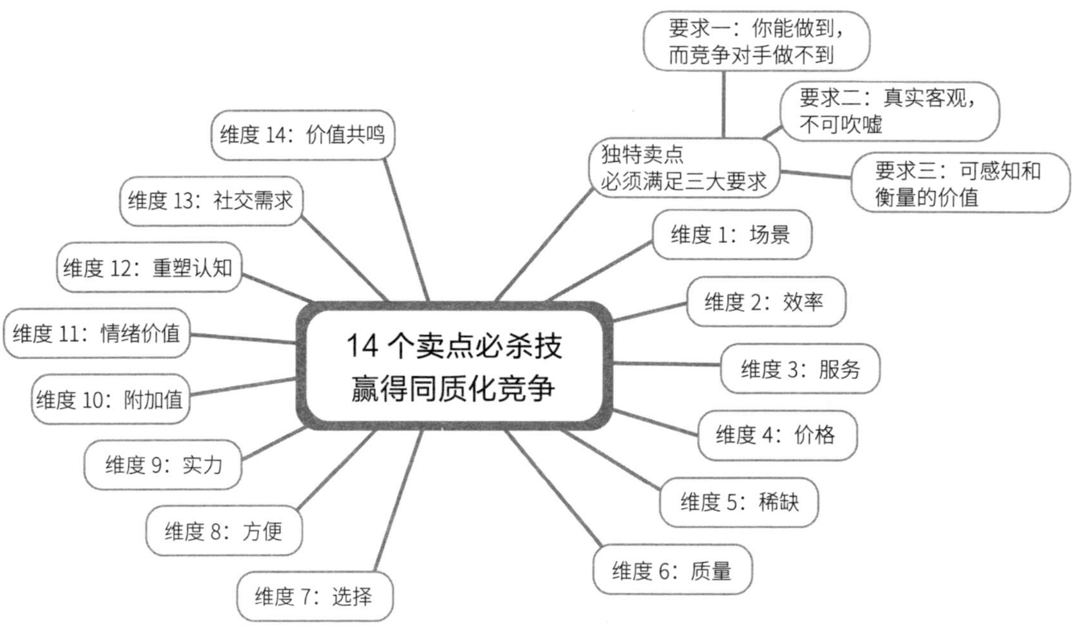

图 5-1　14 个卖点必杀技赢得同质化竞争

互动思考

你的产品可以选取的 1 ~ 3 个独特的卖点是什么？

卖爆产品的五大价值塑造秘籍

请你带着这些问题开始阅读：

1. 决定产品价值是你的出厂价还是用户的感知？

2. 如何才能情理交融地塑造产品价值？

3. 用什么方法塑造价值才能成功卖出高价产品？

这世间最远的距离，不是我站在你面前，你不知道我爱你，而是我那么好的产品，你竟然说："就这？什么玩意儿？"废品和宝贝之间的桥梁，就是塑造价值。

会塑造价值的人，别人会抱着钱追着你跑；而不会塑造价值的人，你说破嘴皮，人家只会退却三步。为什么塑造价值会有这么大的威力？你真的会塑造价值吗？为什么你学了那么多依然不会塑造价值？

这一章就是来拯救你的，这是我收费数万课程里的核心秘籍，你在其他书本里都学不到。希望你能重视，做出成绩，如果你因此提升了销量，请在心里默默地说一声："谢谢你，我真棒！"

正所谓，价值不到，价格不报，信任不到，不谈成交。为什么塑造价值这么重要？有三个原因：

- 客户买的不是产品，而是产品带给他的好处，你得把这个好处塑造出来，让他感受到，这就是价值。
- 产品的价值不在你的工厂里，而在用户的大脑里。产品值多少钱，不是你决定，而是根据客户的感觉决定。这个感觉，就是他认为的价值感。
- 不管你卖什么，你才是品牌。所以在你塑造产品价值之前，先要塑造自己的价值。

商业的本质是价值的交换，你卖的产品，是媒介，你需要搞清楚产品有什么价值才能知道如何塑造价值。

产品有三大价值：

- 基础价值。
- 功能价值。
- 精神价值。

就拿面包举例，基础价值是吃饱不挨饿，功能价值是里面添加了蓝莓，健康又好吃。那精神价值是什么？就是你内心深处最渴望获取的情绪价值。

物质过剩时期，用脑的时代已经过去，用心的时代已经到来，要想让用户心动，必须走进他的内心。还是以面包为例，什么样的面包更能打动人心？明星们都在吃的面包；跟别人吃的不一样的面包；颜值很高，你拍照发朋友圈肯定能得到很多点赞的面包。

基础价值 + 功能价值都是理性的，精神价值则是感性的好处。好的价值塑造是情理交融的，接下来我就把实战 14 年总结的五大价值塑造秘籍分享给你，助力你的产品销量最少提升 30%。

1. 非凡万能公式 W · BEFA

关键词：情理交融。

想要在短时间内把你的产品介绍清楚，FABE 销售法则能够很好地帮到你。FABE 是由美国奥克拉荷大学企业管理博士郭昆漠总结出来的，他通过 4 个关键环节，极为巧妙地处理好了顾客关心的问题，从而顺利地实现产品的销售。

F 代表特征 (Features)：代表产品的物理特点，是一个中性词。主要从产品的结构、颜色、技术、材质、工艺、造型、生产流程等角度挖掘这个产品的内在属性，找到差异点。特性是一个理性信息，带数字的一般都是特点。

A 代表优点（Advantages）：是形容词，是从产品以上的特点中繁衍出来的优点。

B 代表顾客的好处（Benefits）：即优势带给顾客的好处，是感性的。

E 代表证据（Evidences）：即客户评价，包括技术报告、顾客来信、报刊文章、照片、示范等一系列证明。

尽管很多人听过FABE，却用不好，原因是大家容易把FAB搞混，接下来我打个比方来讲，你就清楚了。

其实FAB是一个家族，F特征是家里的奶奶，生了个儿子，叫优点A；A跟场景结婚了，生了个儿子叫好处B；F是A的妈妈，是B的奶奶，这一家幸福的见证者，就是证人E。是不是瞬间理解了？

为了加深你的理解，我们拿健身房举例说明。

F特征：这家健身房占地6000平方米。

A优点：是广东地区最大的室内健身房。

B好处：你要是来这里健身不用预约，不用排队，健身完去冲凉，浴室里有10个以上的空位，健身完能立马冲个热水澡，那该是多么的惬意！

E见证：有很多名人都在这里办卡，这家健身房服务很好，环境很舒服，价格也合理，很适合你。

再举个燕窝的例子加深你的理解。

这款燕窝是印尼原装进口，它平均采摘期是120天，而普通燕窝采摘期是30天。（特征F）

因为采摘期较长，这款燕窝的厚度是普通燕窝的一倍以上。（优点A）。

你花同样的钱就可以买到更好品质的燕窝。生活这么辛苦，你值得吃点更好的。（好处B）

这款燕窝老顾客回购率是87%，基本上吃了这款就吃不习惯别的燕窝了。（证据E）。

如果你真的想选一款品质高、价格良心的燕窝，这款燕窝是你的不二选择。

相信此刻，你对 FABE 销售法则已经有了大概了解。但你有没有发现一个问题，这个法则是产品模式，一上来跟你介绍的是产品的特点。你闭上眼睛想象一下，如果谁一上来，就跟你说我产品有多好，你心里的防火墙是不是立马就开始警报了。

用户不关心你的产品多好，只关心对自己有什么好处。如果是面对面讲解，用户听不进去，你还能察言观色调整。但如果是在线上，如果你开头就是直接推销，用户一秒就无情地略过了，根本不可能给你机会。

很显然，这种方式目前已经行不通了。基于此，我将 FABE 销售法则改良成了用户思维，先感性地说出为什么要做这件事（基于解决用户痛点或你的初心），对你有什么意义，紧接着剖析痛点，给出好处，最后再说产品，如此，非凡塑造公式 W・BEFA 就横空出世了。

W・BEFA 非凡万能塑造公式。

第一步 W（Why）：为什么要做这件事，对你有什么意义。（遵循 13 字顶级心法）

第二步 B（Benefits）：说痛点，给好处，用户看不到好处就会忽略。

第三步 E（Evidences）：拿两个客户出来证明，用户不愿意当小白鼠。

第四步 F（Features）：为什么能有这个好处，原因是特征 F，开始介绍产品。

第五步 A（Advantage）：我的差异优势是什么。（人无我有，人有我优）

记住，事出必有因，解释其原因。当你说出为什么做一件事，能最快速地连上用户心里的 Wi-Fi，这就很大程度地避免了自我感动。悄悄告诉你，这个公式也是爆款短视频的底层逻辑。你回想一下，短视频常常是不是第一句话就抓住你的心了？

举例：某保健品案例，我们说出了为什么要选择这款产品的原因，同时深刻说明了产品能给用户带来的好处和产品的与众不同。最后，我们的这场活动，售价 298 元一盒的某保健品，12 小时销量超过了 15000 盒。

我们具体来分析：

W（为什么）：为什么要做这件事？很多姐妹反馈夏天私处不舒服，发痒，经量也越来越少（痛点）。我在思考能为你做点什么呢？

B（好处）：调整妇科疾病、改善失眠、提高免疫力、改善皮肤状态等。

E（证据）：睡眠变好、皮肤变好、妇科疾病改善的客户反馈。

F（特征）：为什么有这么好的效果？ 3000 亿活性 PAC，小分子好吸收，见效快。

A（优势）：技术优势，某加拿大实验室研发；品牌优势，创始人是医学博士。

即兴写一段文案参考。

每到夏天，私处就容易发痒不舒服，坐立不安，却还要继续处理一堆工作，那种难以言喻的感受只有自己才懂。该怎么办？请假去看医生，做了各种检查，碰到个医生手法不好，检查的时候都能疼得让你直流泪。关键开了一堆药，吃了没效果，还反反复复不治根……（痛点）

公司有个小姑娘，每到夏天就有这种难言之隐。她抱着怀疑的态度喝了这款我花了2个月评测出的产品，没想到2小时后，发痒就缓解了很多。她半信半疑地连续喝了半个月，小症状全都一扫而光了，现在每天都如沐春风，心情畅快得很。（客户评价＋好处）

吃进嘴的东西，一定要保障安全性。为什么这款饮品见效这么快，因为它小小一支就有3000亿活性PAC，还是加拿大医学博士在实验室研发的产品，小分子很好吸收，喝进去后只要加量喝水，就容易把病毒排出去……（特征＋优势）

你看，只需要调整顺序，先说痛点场景，再给好处，就能快速吸引到精准人群，从卖产品变成关心用户，从给冰冷的特征到给温暖的好处。如果用户刚好有这个需要，在看到你写的文案的开头就会为你停下。记住，理论引发思考，感性促使行动，快节奏时代用户的记忆十分短暂，所以一定要快速给好处。

无论是做短视频，还是做直播，逻辑都是一样的，文案是一切的根基。切莫一上来就生硬地谈产品，一定要关心用户的问题，真心实意地为用户解决问题，给用户温暖，让他感觉你是真正懂他，想帮他，用户才会为你停留。

但凡你能记住并运用W·BEFA万能非凡塑造公式，你定能把任何产品都塑造得独一无二，让人欲罢不能！你学会了吗？

2. 场景情感塑造

关键词：情绪价值。

何为产品的情绪价值？10个字总结就是：爱你、宠你、懂你、给你面子。

场景情感就是，你在什么场景下，心里有什么感受，什么想法，把这些用最真实的语言详细地描述下来，就能很好地引发共鸣。

要知道，当你迫切想买一个物品的时候，一定不只是功能的原因，而是它触碰了你的情感按钮，影响了你的情绪。这时候，产品就像一个特别的人，瞬间进入你的内心深处，让你上头，大脑里只有一个想法，我值得！我配！我要！

那究竟要怎么塑造产品的情绪价值呢？

我先来举一个实例。如果你要卖一款电热毯，你是不是首先就要说什么材质，保暖效果如何，省不省电，哪里进口的？

这样写太枯燥、太不走心了。之前我卖过一款价值2980元的电热毯，我是这样写文案的。

又到了睡觉靠勇气，起床靠毅力的季节了。你说一个人到底需要多大的勇气才能在寒风刺骨的夜晚掀开被子一鼓作气躺进冰冷的被窝？这年头不是谁都有人暖床。如果自己可以创造温暖，为什么不要呢？

开暖气睡一晚上觉皮肤干得受得了吗？电费一个月得多少啊？电热毯只要开5分钟就度过整个美好的夜晚。

光电费就省不少钱。

意大利羊毛，智能恒温，可水洗，5 分钟速热。真的很柔软。

最好的疼爱自己的方式，就是好好睡一觉。只花这点钱，承包你以后几十年冬天的好睡眠。值还是不值？记得给父母或者家里老人带一床，他们更需要温暖。

有没有感觉？看完是不是很想买？这样写比写冰冷的特征效果好多了。是不是瞬间觉得，有一种很懂你的感觉，觉得你买的不是电热毯，而是温暖自己，让自己幸福的生活方式？是不是觉得你这么好，再贵的东西你也值得拥有？这就是场景触发了你的情感按钮，发挥的巨大反应。

再举个例子，在一次直播课时，我教学员们如何塑造价值，有个学员是卖红酒的，我便随即发挥了一段。

你每天累死累活，早上 7 点出门，晚上 9 点才到家，你躺在沙发上，已经筋疲力尽了。可这时候还有一堆家务要做，咬紧牙关把事情做完时……

这个时候，你想不想慢下来，给自己 30 分钟，喝一杯甜入心间的酒，当舌尖感受到甜与柔交缠的味道，整个人也慢慢放松下来。其实爱自己真的很简单，一杯你喜欢的酒，一首你喜欢的歌，睡一个好觉，人间值得。

无疑，这时候你喝的不是酒，而是让忙碌一整天的自己放松下来的一种方式，是对自己灵魂的宠爱，是心里深处的陪伴，是对自己的爱。

再说一个有趣的案例，当年我们就凭一条秋裤文案，让整个行业都知道了我们文案写得好。要知道大部分人写秋裤，都是说秋裤不起球、不掉挡等，而我们剑走偏锋，走了情绪价值路线……

最近某某复合的新闻传得沸沸扬扬。我不想多做评判。生活是别人的，适不适合只有人家自己知道。人这一辈子，会遇到很多人，而有的人就是你寒冬里的那条秋裤，一旦穿上就无法脱下。有人能给你车给你房，而有人能给你秋裤扎进袜子里的那种温暖。也许他们两个都是彼此的那条秋裤吧。我就不操心别人的事了，我只关心你们。这个冬天，属于你们的那条秋裤，我已经为你找到了。

好了，看到这里我知道你已经欲罢不能了。你是不是想问我，到底如何塑造产品的情绪价值？很简单，竖起你可爱的小耳朵认真听。

你需要思考，你的产品能给人们内心带来什么感受？是轻松、快乐、幸福、愉悦，是爽，是品味，是爱，还是什么？顺着这个感觉延伸，把用户当恋人，拼命去懂他，宠他，疼他，给他面子。

你就把产品当作一个特别的人，这个人能为你带来什么？这样想是不是超级简单。一定要塑造产品的情绪价值，这样你的产品才有灵魂。

不过，你最好先从模仿开始，慢慢找到感觉后根据自己的产品进行原创。

为了加深你对产品情绪价值的理解，再举一个按摩仪的例子。

这是你本月连续加班的第四周，凌晨一点的公交站，除了你自己，你看不到其他人。你当然知道，成年人的世界里没有容易二字，连续加班你的腰已经快直不起来了。终于你忍不住，哭了。

没有一种情绪不应该被接纳，

没有一个努力拼搏的自己不值得被宠爱。

你也是人，你也有压力，你也会累，前方的路很长，如果可以，从现在开始好好宠爱自己，每晚睡前按摩15分钟吧，你健康快乐，比什么都重要。

3. 细节塑造

关键词：来之不易。

细节塑造包括成分、面料、制作工艺等，也就是特征的塑造。细节塑造最妙的地方就是塑造来之不易。

举例1：如何塑造你的樱桃是新鲜的？

为了保证到你手上的樱桃有最好的口感，只能每天清晨5点出门采摘，在太阳出来前采摘的樱桃，才能最大限度地保证樱桃水分充足。樱桃上还带着露珠，采摘后在低温环境下，马上进行人工挑选。全部都是挑选26毫米大的果子，全部手工一个一个挑出来，小的果子一律不要，全程冷链，顺丰包邮快递到你家。收到货，哪怕有一颗坏果，都立马退款，我在乎的你，怎允许吃到不好的樱桃？

当时这段文案，卖空了山东青岛的几座山，连着周围一片的樱桃都卖空了。

这就是塑造产品的来之不易，你仔细读一遍就会知道，每颗樱桃都来之不易。

举例2：茶叶

茶叶必须在清明前三天采摘，而且只能在凌晨5点。严格按照一心二叶的标准，只摘最嫩的部分，1000 亩的茶叶只能采摘 100 斤的新茶，非常珍贵。

举例 3：现做饼干

为确保你吃进去的每一口饼干都是新鲜的，昨天的这个时候我还在和面，当天现做，不添加任何防腐剂，当天做好当天发出。

话说到这里，你回想一下，你的产品是怎么来的？中间经历了什么困难？把你背后不为人知的努力细节写出来，比你说一万句产品有多好管用！自己口中说好，是肤浅的，他人心里感受好，才是深刻的。

4. 对比塑造

关键词：我们不一样。

对比塑造就是把你的产品与同行业的产品做对比，你的产品与比别人的产品差别在哪里，是怎样，有对比才有感知。

举例 1：参考一段烤箱文案

普通烤箱：配置普通内胆，热量不能到达炉腔各个角落，烤大块肉类容易外熟里生。无法放入烤叉，功能少，不实用。普通钢化玻璃，长时间高温烘烤时，有破碎风险。

我们的烤箱：配置钻石型反射腔板，3D 循环温场，均匀烤熟食物无死角。特有 360 度旋转烤叉，能烤整只鸡和羊腿，外焦里嫩。经上万次防爆实验，研发出四层聚能面板，经得起千锤万烤。

举例 2：优惠对比

这款西装的面料，采用天然桑蚕丝的面料，夏天穿也特别舒服透气，身体里像装了中央空调似的凉爽。坦白说，这样的面料如果在专柜，绝对是五位数起步了，而我们这款因为是厂家一手拿货，去除所有的中间商和广告费用，直接给到终端用户的价格只有专柜价格的五分之一。

可惜的是，这款衣服做工太复杂，是师傅手工做的，一个 5 年以上工龄成熟的师傅一天也只能缝制两套，所以这批货我们只有 98 套，想要抢到优惠的，务必盯紧我的直播间！

通过对比塑造，能快速让用户感知你的产品有什么好。需要注意的是，不要贬低同行产品，这是个人品德问题，点到为止即可。

5. 画面感塑造

关键词：绘声绘色。

文案高手，应该像五星级大厨一样，对“原料”深加工，煎炒烹炸，出品一份“文案佛跳墙”。让人身临其境，目不转睛，欲罢不能。你可以用这个公式尝试一下。

画面感大法 =

耳朵：听到什么？

眼睛：看到什么？

鼻子：闻到什么？

舌头：尝到什么？

身体：感受到什么？

心里：体验到什么？

精神：感悟到什么？

举例 1：舌头：你尝到了什么？

当时我们卖一款螺蛳粉，价格是全网最贵的，是同类产品价格的两倍，却在 1 小时内抢空了 3000 箱。其中一条短文案是：

嗦一口入喉，Q 弹的米粉在你的口腔跳起了舞，清新的辣味在口腔炸开来，吃一口酸笋，那种专属于它的酸臭感在鼻腔散开，配合花生的香酥中和，喉咙里放起了烟花……（配上螺蛳粉的图）看到这里你是不是立即想尝尝，这个让喉咙放烟花的螺蛳粉到底是什么味道？

举例 2：身体感受到了什么？参考这段按摩仪文案。

如果你每天看很久电脑，脖子很酸，头昏脑涨，你的救星来了！别看这家伙只比巴掌大点，力气却很大，开关一开，你会感到两股电流刺激颈部穴位，一阵酥麻蔓延全身，震得脖子左右摇动。

两种按摩模式，一种像小拳头，“哒哒哒”地敲打颈部，疲劳感一下就缓解了；一种像单手按压，好像泰国技师用食指、中指、大拇指揉按穴位，阵阵酸麻，舒服得让你上瘾。

摘下仪器，颈部的紧张沉闷感竟然消失了，有一种连上 5 天班终于迎来周末的欣喜，你会情不自禁地长出一口气，感觉像是换了个新脖子。

举例3：玫瑰纯露

劳累了一天回到家里，洗漱完之后，轻轻地将这款爽肤露喷在脸上，清凉的感觉让整个毛孔都舒展了开来，疲惫感仿佛也消减了不少。这时，玫瑰花的香味也在鼻尖弥漫，闭上眼睛，静静地去感受这难得的静谧，整个人仿佛置身室外，暖暖的阳光照射在身上，玫瑰花开放在路边，心也变得宁静起来。

睁开双眼，看到脸上的肌肤在它的滋润下也变得水嫩有光泽，眼角的鱼尾纹仿佛也消散了不少。轻轻一碰脸颊，因为手指按压凹下去的皮肤很快就反弹回来。为生活打拼的你，真的很不容易，答应我，睡前好好宠爱自己。

总结

1. 不管卖任何产品，都要先塑造价值，产品塑造得有价值，才是产品；塑造得没有价值，就是废品。

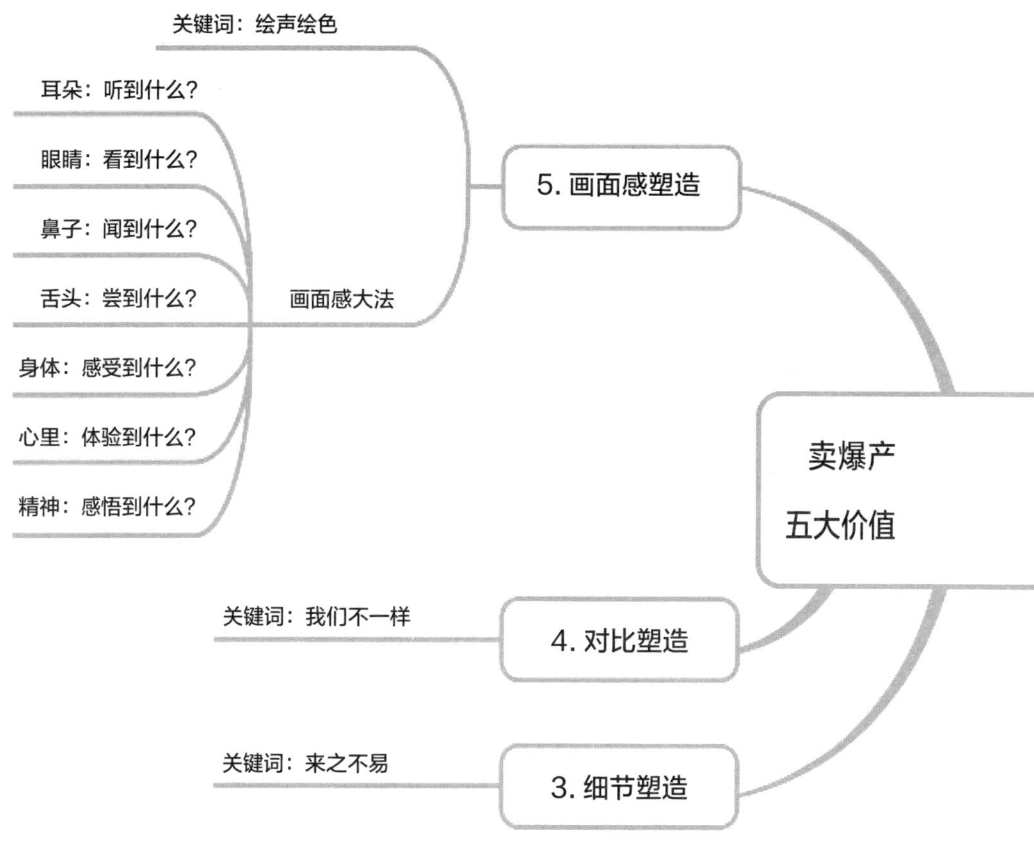

图 5-2 卖爆产品的五大价值塑造秘籍

2. 产品的价值不在你的工厂里，而在用户的大脑里，你必须把产品价值描述得形象一些，让用户感知，否则就容易沦为炮灰。

3. 以上 5 种价值塑造秘籍都会让你的产品和别人的不一样，强烈建议用非凡万能塑造公式 W・BEFA 加上情感塑造，情理交融。记住，六分情，四分理刚刚好，理性促使人思考，感性促发人行动，先交心，再讲产品。大多数人只关心自己，不关心你是谁，要把对的东西卖给有需要的人。

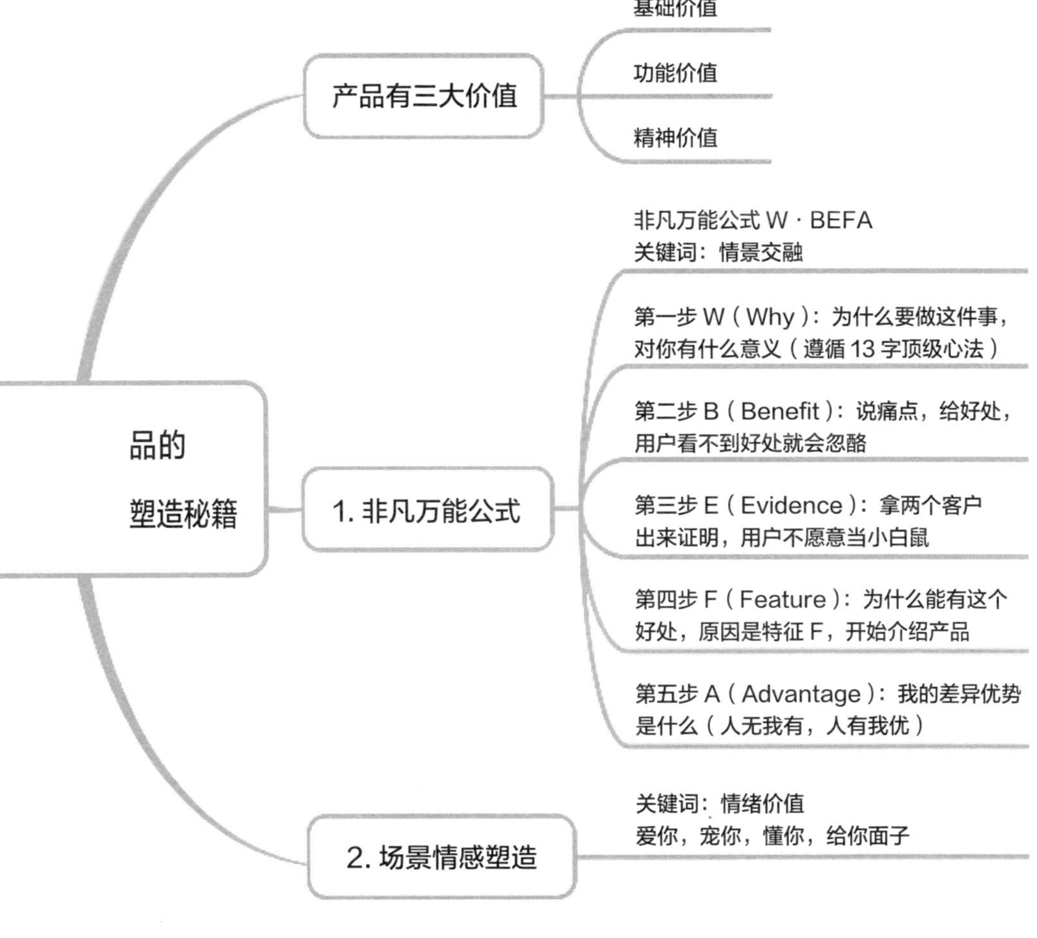

互动思考

你的产品可以采用以上什么方法来塑造价值？你接下来打算怎么做？

拒绝“病危通知书”式痛点塑造，用“情书式”痛痒结合舒服爆单

请你带着这三个问题开始阅读：

1. 痛点是不是越痛越好？为什么？

2. 单一的痛点塑造会给用户带来什么难受的感觉？

3. 如何才能舒服地指出用户的问题并让他心甘情愿掏钱？

文案转化率核弹公式：满足痛点（怕）+ 制造痒点（成为更好的自己）+ 切入爽点（限时限量优惠买了还能省钱）= 欲罢不能

1. 痛点是什么？痛点就是人性里的怕

痛点的出发点，不是为了吓你，而是知道你怕什么，发自内心的懂你、爱你。

如果不痛，何来重视？如果不重视，何来改变？找准痛点的出发点，

把握这个度，为你的产品 100% 负责。

痛点这个词，你肯定听得耳朵都起茧子了，你过去接收到的大部分信息，可能都是要想成交，一定要狠戳痛点，越痛越好。你有没有问自己一个问题，痛点真的是越痛越好吗？

先说个真实的故事，你就明白其中玄机了。

我有个朋友在天猫卖摄像头，为了引发用户的重视，除了在详情页说了一堆自己的摄像头多高清外，还做了一番“惊天动地”的痛点解说，大概意思是：

你不在家的时候可能进小偷，可能发生火灾，然后说不用担心，安装一个摄像头，这一切随时可以看到……

看到这里，你思考一下，小偷、火灾这些痛点，是安了摄像头就能解决的吗？很显然不能，它只能给你发送提醒。也就是说，你唤醒了人家 100 分的痛，最后却只能解决 30 分，人们面对不能完全被解决的痛点，只会更抗拒你的产品，甚至心里还会骂骂咧咧地说，你家才进小偷，你家才着火呢。这就是典型的“痛点过度”。你看市场上是不是很多人都这样？张口就来！有些理论专家说痛点越痛越好，你听着是很爽，好像只要把痛点讲得足够痛，就能吓住用户。而真正的有效痛点的出发点，不是吓你，而是爱你。你的吓唬会让人心里很不舒服，从而导致营销效果很差。

那何为舒服的真痛点？必须满足三个标准：

（1）痛点真实，高频场景

以上述卖摄像头为例，火灾、进贼是高频场景吗？显然不是。

那什么是高频场景？你每天上班了，看不到家里的孩子，你需要忍受相思之苦；你出门在外，担心家里进了什么人，担心家里的狗狗没人照看。这些才是高频场景，你应该从这些点上去说，这样更能触发人们心里的情感按钮。

再举个例子，一个孕妇，最高频的痛点是什么？是生产的痛吗？不是。真正更痛的是，怀孕后体重增加、皮肤变粗变黄、身材走样再也不能回到从前等。比起生孩子的痛，这些日常发生的痛更加深深撞击着孕妇的心。

（2）痛点和你有直接的因果联系

比如劝女生不吸烟，你说吸烟得肺癌，没什么用。但如果你说吸烟让你的皮肤毛孔粗大，肤色变得暗沉，像个黄脸婆，很多女生还是会认真思考一下，因为因果太直接了。

（3）痛点就是人们内心深处的话

如果你是做无钢圈舒适内衣的，你可以试着这样说：

我知道你不想因为结婚而结婚，那并不会过得快乐。一件舒服的内衣，就像你顺从自己的心，简简单单，从内到外，让你身体轻松快乐。

再回到卖摄像头的案例，我给朋友改了一下文案，改后是这样的：

你每天为了生活拼命上班，却忍受着想孩子的苦；出门在外，却挂念家里老人；那只可爱的小家伙今天有没有乖乖吃猫粮？

别怕，家里有了它，你可以穿越空间缓解相思之苦，随时看到你想见的人，甚至如果家里进了人，你也能快速知道，时刻关注家里是否安全……

高频场景 + 直接因果联系 + 说出你的心里话，运用三个标准直指痛点，立马提升产品购买转化率。

今天教你痛点的 5 种写法，让你下笔就能更精准地找到让用户舒服的痛点，写出好的文案。

（1）对自己好一点（以前没对自己好 VS 现在需要对自己好一点）

举例：你以前总是累死累活的，却不舍得给自己买件好点的衣服，现在要与闺密去聚会了，你想穿得土里土气成为背景板吗？你明明这么好看，这么努力，这么优秀，现在你应该发光了！请穿得好看点去“炸场子”好吗？

（2）对别人好一点（以前对别人不好 VS 现在需要对别人好一点）

举例：以前由于自己太忙，忽略了对太太的感受，她操持家庭其实很辛苦。还记得谈恋爱时，她也是个小公主，如今看着她日益憔悴的脸，你心里好受吗？现在还来得及好好爱她，她不舍得花钱，那你就要对她好点，给她买好的护肤品，买两件漂亮衣服，让她知道成为你的女人有多幸福。

（3）不能再落后了（别人比自己优秀 VS 现在需要比他更好一点）

举例：不要永远做垫底的，其实你远可以比昨天的自己优秀，让别人刮目相看。

（4）经验帮你避坑（以前遇到这“坑”VS 现在要跳过去）

举例：都说打造个人品牌能赚钱，我相信了。咬牙报了课程，花了上万元，每次听课的时候很兴奋，可落地的时候根本不是那么回事。不想说谎，其实我一直都没收到钱，然而……

（5）心口不一（你心里想减肥 VS 嘴上总忍不住）

举例：你明明想减肥，嘴上却忍不住，跳两步就气喘吁吁；你每晚睡前都发誓要重新做人，要努力，要奋斗，第二天早上依旧赖床，然后开启一天麻木不仁的生活。你心里想的和你做的就像彩票号码一样总对不上。

看到这里你有没有发现其中的规律？痛点也是用户对立的心理。如果你能找到用户心中想做却没做到的事，想说却不敢说的话，勇敢真诚地说出来，你的痛点塑造就大概率成功了。

光塑造痛点，无法让用户舒服地购买。你会发现市面上那些单一堆砌产品痛点的文案，硬生生地写成了“病危通知书”，给用户的感觉是“我太差劲了，再不买就没救了”。这种文案有没有效呢？

当然有效，很多人会因为恐惧买单，但即使买了心里也不舒服。还有一些用户会比较反感，直接不买，甚至心里还骂咧咧地说“你才差劲呢”，只是人家不当面跟你说。

想要戳痛用户还让用户舒服地购买，首先，你的出发点一定是爱，而不是吓；其次，你还需要塑造假设场景，给用户痒点的描述，给他一个成为更好的自己的机会，用户读起来就有一种“我很好，只是遇到了问题，解决了之后会更好，而你可以帮我”的感觉。

世上最难能可贵的关系就是舒服。2.0 的文案用痛点激发欲望引发恐惧，用户因为恐惧而买单。而 3.0 的文案一定是激发爱，解决用户的痛点，从内心深处懂用户、爱用户、帮用户，让用户舒服地买单还爱上你这个人。

2. 何为痒点？痒点是你想成为更好的自己，是你内心的渴望

正如你身上发痒一样，不抓死不了，抓了却很舒服。

痒点是情绪价值最好的释放。要知道现在用户买东西不只注重功能层面，更重视精神层面，越是高客单价的产品，精神价值塑造更应该重视。

场景 + 好处就是塑造痒点最好的方式。

比如：你要买一条裙子，你觉得有点贵了，但你穿上它去参加闺密聚会，全场最惊艳，合照里最突出，你会不会心动？

比如：你给孩子买一双鞋子，觉得太贵了，但如果你的孩子穿着这双鞋去参加篮球比赛，看他在球场上英姿飒爽地打球，所有的同学为他呐喊助威，你看着自己的孩子在发光，你还觉得鞋子贵吗？只要你能买得起，你都会咬咬牙买。

比如：你想买一个化妆包要 500 元，你觉得贵，但因为颜值太高了，每天化妆卸妆的时候看到它，心情都无比愉悦。一个化妆包可以用 10 年，你化妆时心情愉悦 10 年，这还是化妆包吗？不，这是精致的生活方式，这是美好的情感寄托，500 元你还觉得贵吗？

这就是痒点的妙处。一个产品的文案如果只有痛点就太干涩了，看

起来也不是很舒服，因为痛点毕竟是怕，是恐惧，如果这时候加入痒点，给予一个美好的未来，描绘成交后的美好画面，用户就会被打动，认为你是真的爱他，而不是为了吓他。拒绝单一痛点堆砌，把文案写成“病危通知书”，而要结合痒点，把文案写成“情书”一样的解决方案，让用户心甘情愿地掏钱，还死死地爱上你的产品。

3. 什么是爽点？爽点就是超乎预期立即满足

你吃火锅时，拿一罐冰冻啤酒或者凉茶，打开盖子咕咚咕咚喝下去立马就爽了；你想买的这款东西刚好有打折活动，你省了一大笔钱，你立马就爽了；你刷一个短视频几十秒立马就爽了。这都是爽点的威力。爽点会让人及时行动，因为人性都是想立马得到好处不想等。

像今天的外卖，你一下单，吃的就给你送上门来了。一些拍照 App，直接提供了自动美化和处理的功能，一键帮你拍出美美的照片。这些都是抓住了用户的爽点，即时性地满足了他们的需求。

总结

上面说的痛点、爽点和痒点，无论是哪一点，只要抓得准，都可以成为产品的切入点。做一个产品，最好能满足用户心里的恐惧（怕），更能给一个美好希望（痒），同时满足用户的超预期爽点（爽），文案一定能丝丝入扣，让人欲罢不能。

记住这个公式，满足痛点（怕）+ 制造痒点（成为更好的自己）+ 切入爽点（限时限量优惠，买了还能省钱）= 好文案。

你学会了吗?

互动思考

你过去的产品文案有塑造这三个点吗？接下来打算如何用这个公式来塑造你的产品?

核弹级威力百万发售系统，卖爆你的产品

请你带着这些问题开始阅读：

1. 你过去做的是销售还是发售？

2. 为什么发售能先赢后战，让用户抱着钱来找你？

3. 为什么发售能引爆销量，做到极高的人均产值？

4. 决定发售生死的五大关键是什么？

如果你早已厌倦为了生活主动销售被人拒绝，疫情当下生意惨淡却无能为力，这将是你读到的最重要的信息。

先说个真实的故事。2015 年 5 月，对于我来说是脱胎换骨的一年。我上班到预产期前一天，产后 42 天就开始出差。生孩子那一个月，公司只销售了 58 万元，40 多个员工的企业，工资已经发不出了……

作为母亲，作为公司一把手，那一刻，感受到了现实最残酷的考验。普通思维的互联网销售已经行不通了，该怎么办？未来的路在哪儿？

我开始寻求对策。

当时深处低谷，四面都是上坡路。就在这时候，我率先带领团队开辟了一条路,并成功开辟了行业的先河。终于我从原来一个单品卖三五件，做到了：

售价 12800 元的美容仪，1 小时抢空 500 台；

售价 198 元一盒的面膜，12 小时售出 28000 盒；

售价 298 元的健康食品，12 小时销量 15000 盒。

单品 12 小时破万销量数不胜数，单品销售额破 800 万元。重点是，我经历了从开口推销产品，到所有的成交全是客户自动找上来，甚至为买到我们的东西而自豪。

这背后用的就是百万发售系统。那究竟何为发售?

发售是通过有谋略、有布局地策划，设计一个多米诺流程来实现产品爆卖的“核弹”技术。一次发售抵普通销售干半年甚至一年。

发售无处不在，威力无穷，却鲜有人真的懂发售。

1. 堪称“人性魔术”的电影发售

大家都看过电影，想象一下，如果电影在上映当天才开始广而告之的话，那票房会有多惨淡？一部电影上映期大概是两个月，有可能电影下档了，很多观众还不知道这部电影正在上映。如何解决这个问题呢?

采取发售模式，在电影上映前就做好充分的造势和预告。一部电影上映通常会经历四个阶段。

第一阶段，鸣笛期。开机，选男女主角，这些都是造势，引发好奇，告知这部电影即将要开拍了，引发人们关注。

第二阶段，加热期。拍摄过程中会不断流出一些花絮，让观众知道这部电影正在拍摄，有时候剧组为了加深观众对电影的印象，甚至会“制造”出一些绯闻供大家茶余饭后谈论，目的就是为了增加观众印象。

第三阶段，预告期。电影结束进入全面预告宣传，导演和演员们通常会到处赶公告，宣传这部电影，各地粉丝群也会开始活动。这阶段的目的是狂轰滥炸，让全天下人都知道这部电影即将上映，准备买票入场。

第四阶段，发售期，电影上映。观众抢着买票进入电影院，电影院瞬间爆棚满座。这期间还会有很多影评人不断地写影评出来，吸引更多人进入电影院继续观看。

这就是一部电影发售的四个阶段。你脑海里是不是立马闪现出你喜欢的歌手出新专辑也是这样的操作模式，从宣布出新歌，到新歌创作时的一些花絮，到新歌宣传，再到新专辑发售，这就是一系列的发售流程。

再举个例子，为什么苹果手机新款一上市瞬间就能被疯抢？同样也是经历了这四个阶段。从新手机的谍照出现，引发热议讨论，接着到对新手机的功能猜测，再到新手机确认后的全面宣传，最后到新品上市的发布会，这一系列的操作，把你内心的购买进度条一点点地拉满。如果你真的很需要这款手机，你就像一路见证的参与者一样，在还没上市前就已经抱着钱等着手机开卖了。

由此可见，销售是一对一，被人拒绝的概率大，像摊煎饼式地摊一个卖一个，累得半死还赚不到钱。发售是有布局和谋略的一对多，靠吸引成交，别人抱着钱来找你，一次发售抵别人辛苦销售半年甚至一年。

图 5-3　发售的多米诺流程

那发售的威力到底有多大?

我从 2015 年起带团队用发售思维卖产品，其中单品 12 小时破万，销量数不胜数，单品销售额破 800 万元；裸辞创业一个月做一场发售，单价 3 万元线下课，1 小时收获 105 万元。

2021 年 6 月，我参与指导某知名女老师合伙人发售，12 小时招到 200 多位合伙人（远超 150 人的目标）；指导某总裁做艾灸贴活动发售，团队 7 天收款 300 多万元，个人营收 176 万元；指导某总裁做心理课程发售，12 小时收款 153 万元。

指导李总做旅游项目发售，收款105万元（这是她人生的第一场发售，看到了无限可能）；过年期间指导莎总做新品发布，一场活动营收600多万元（这是团队的第一次发售，原本想做便宜单品引流，我调整了策略拒绝低价无意义的活动，最终客单价是同类产品的3倍，代理出单达到80%）。

指导某经营20年服装品牌的马总做活动发售，1小时收款66万元（要知道，疫情三年全国几百家门店关闭，只剩几十家，每天夜里都失眠睡不着，终于再次点燃了团队的希望，目前已完成实体转型线上的全部操作，品牌再度崛起）。还指导武汉的吴总团队，10个月时间从月销230万到2160万，今年双11业绩是去年的4倍……

可以这么说，当你掌握了发售这个核弹武器，你会轻松赚到更多钱，帮到更多人。重点是，团队被点燃，士气提升。中小企业的实体人更要学会这套发售技术，它让你仅凭借自身努力就可以把产品卖爆，再也不用把命运寄托给别人和明天。

只要你学会这套"帝王术"，不仅能拯救你自己，甚至能影响你的行业。

发售的秘诀是结果可预判，先赢后战。这个赢有双重赢：

- 赢自己。有布局，你会很有信心，没布局，你自己心里都没底。
- 赢结果。用户想买在前，而你想卖在后，你还没开卖用户就抱着钱等你了。

在我眼里，这世上没有不好卖的产品，只有不懂人性营销的人。但你真的懂发售吗？80%的人心中对发售都有一个严重误区。你是不是以为发售就是群发售，拉个群，先免费在群里讲一小部分，讲到重点部分，用户掏钱才能继续听下面，达到销售转化的目的？你是不是以为发售就只是卖课，卖关子，挖痛点，滚雪球，制造势能？

大错特错！如果你这样认为，只能说你对发售的理解只有 30%。

真正的发售不是套路，而是发心。

真正的发售不是成交，而是成就。

真正的发售不是卖课，而是一切皆可发售。

2. 发售的五大关键要素

美国作家杰夫·沃克写过浪潮式发售，也讲了发售这门技术。可为什么市面上会做发售的人这么少？

决定发售生死的五大关键要素：

（1）起心动念

发售的核心是成就，而不是成交，请你把“我要卖”变成“我要帮”。当你满脑子都是要卖东西时，你笔下的文字就充满着欲望，跟人沟通时难免有迫于成交的感觉。而你一旦这样，对方就能感受到，潜意识就是如此神奇。

如果你的起心动念是为了帮人，你就会尽你所能去了解用户经历过什么，担心什么，害怕什么，真正为用户解决问题，那你的文字就会充满爱。仅仅做到这一点，你的发售能量就完全不同。那些发售失败的，起心动念就出问题了。

（2）目标（含成交主张）

制定你的发售目标和成交主张。发售贵在先赢后战，如果你没有目标，就像没有方向的船，走着走着就迷路了。另外，如果你的成交主张不吸引人，价格不好，优势不突出，还没有风险承诺，不管你用多好的策略，结果也不会好。

（3）准备

卖不出去，是因为准备不足，你对目标用户了解吗？对竞品了解吗？一场成功的发售，最少需要提前 30 天进行筹备，准备越充分，发售越火爆。

（4）文案

发售的方程式只是骨架，而文案就是里面的肉。你的文案质量直接决定发售生死，你必须下功夫。记住一句话，你的文案要像礼物一样出现在别人的世界，要么帮人解决问题，要么给人能量。文案写不好，产品最终就会无人问津。

（5）武器

朋友圈 + 一对一私聊 + 销售信 + 直播 + 社群，环环相扣，步步为营。

现在你知道，为什么你的产品会卖不出去了吗？因为你太着急了。没有布局的突然销售，会让人手足无措；而有布局的发售，就能步步为营，先赢后战。

接下来就教你卖爆产品的百万发售五步方程式，这是我实战多年总结得来，希望能助你卖爆自己的产品，值得你把手头的产品重新卖一遍。

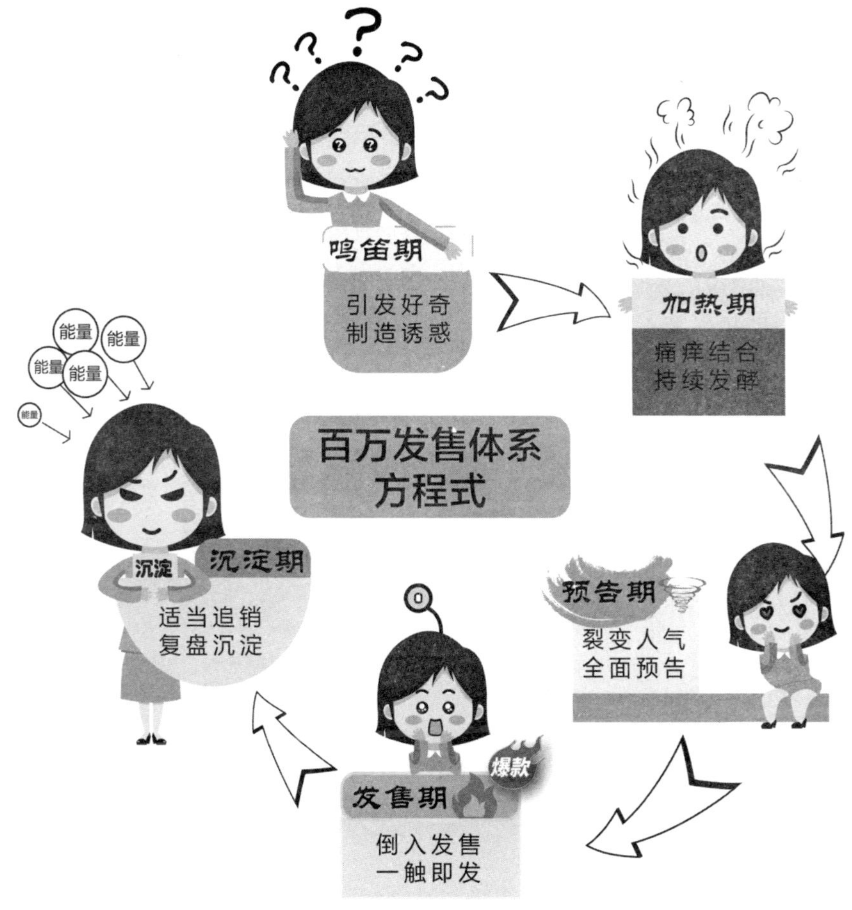

图 5-4　百万发售体系方程式

3. 百万发售方程式

详解百万发售方程式的每一步，简直堪称一场人性魔术。

（1）鸣笛期（发售前 21 天）：引发好奇，制造诱惑。暗示即将有一个很神奇的东西，很劲爆的事情出现

鸣笛期可以做这些事：

采用互动求助，让用户成为参与者。

故事方式切入，说出你为什么做这件事背后的故事，你为什么选这款产品背后的故事，充分引发人好奇。

采用真情告白的方式，用自己的故事和心里话娓娓道来，梳理过去的经历，暗示接下来要做一件与众不同的事。

（2）加热期（发售前 14 天）：痛点引发重视，痒点制造期待，让整个事件或者产品持续发酵

知道你有痛苦，我有办法可以帮你解决，还能帮你变得更好。此阶段就是用痛痒点结合的方式，预告事情的花絮，或者产品的痛点和好处，加热这件事和这个产品的热度，持续发酵，让所有人的眼睛离不开，为了全面预告做铺垫。

加热期可以做这些事：

深度揭秘用户的痛点，引发用户的关注。

说出产品的好处，引发用户的欲望。

用场景触发情绪，说出什么场景可以用这款产品，让用户心里的购买进度条快速拉满。

（3）预告期（发售前 7 天）：裂变人气，全面预告

经过前面的造势和加热，用户其实已经对此产品或事件很关注了，这时候就要火力全开，全面预告，裂变人气。

预告期可以做这些事：

充分运用 W · BEFA 非凡万能公式，先塑造自我价值，为什么要做这件事，说出 W 的发心。

接着塑造产品价值，你有什么痛点，产品能如何为你解决，这是好处 B。

紧接着客户评价，谁能证明有这效果，这是 E。

再接着是产品的特征和优势，环环相扣，这是 F+A。

最后结合稀缺性，活动优惠限时限量，等等，让用户充分知道，错过有什么后果。

运用满足痛点 + 制造痒点 + 切入兴奋点的方式，让用户自我“种草”成功，把心里的购买进度条拉满，随时准备掏钱，就等产品上线。

此时你可以拉群裂变人气，让更多人参与其中，打造繁华盛世的景象。

（4）发售期（发售日）：导入发售，一触即发

预告了这么久，现在就是一炮而红的时候了。动用你的发售武器（朋友圈 + 私聊 + 销售 + 直播等），全面覆盖，同时制造发售的稀缺紧迫性，多角度刺激下单，引爆销量。同时滚雪球晒单，制造羊群效应，吸引更多观望的人下单。

（5）沉淀期（发售后 48 小时内）：适当追销，复盘沉淀

很多人发售完就不管了，这就大错特错，发售是一次品牌事件，你需要给长时间努力的自己一个交代，同时也需要给一直关注这件事的人一个交代。

如果把发售当作是烧开水的过程，到了发售这一步水已经烧开了，若你想保持温度，需要转小火，而不是直接把火关掉。每次的发售都是在上一次的势能上开始，像滚雪球一样越滚越大，你的势能越来越强，发售的效果也会越来越好。如果你不懂得沉淀复盘，就相当于把事件的势能清零，这是非常可惜的一件事。

沉淀期可以做以下这些事：

可以发起适当追销，对一些意向成交用户二次跟进。

复盘发售，告知发售成功，如写一条感恩朋友圈或复盘销售信。

预告下次发售（种下期待，发售就像滚雪球，效应一次比一次增加）。

制造发售事件（放大你的发售成果，让别人记住你）。

为下次发售蓄能（收集本次未参与的名单，为下次准备）。

看到这里你明白了吗？先赢后战的魅力在于，你的产品还没正式宣布卖，而人们就已经想买了。导入产品前提供难以置信的价值，让人家欲罢不能，产生无尽的期待，你的发售就已经赢得人心了。

4. 两个案例手把手教你做好发售

为了帮助你了解发售，讲一个我们在私域朋友圈发售单价 298 元的健康食品，12 小时被抢 15000 盒，成交 447 万元的案例，你就能更好地理解了。

第一步鸣笛期：朋友圈开启互动调查

大概意思是，夏天私处容易不舒服，有时候痒得坐立不安，请假去看医生，开了药也容易反反复复，有这个困扰的人吗？

很多用户留言说有，为了帮姐妹们解决这个问题，我们试了很多健康食品，发现效果微乎其微。绝望之际，有个妇科医生给我推荐了一个东西，喝完两小时后竟然就不痒了。燃起希望的那一刻，却获知这个牌子只允许线下销售，而且价格高得惊人。

难道真的没有希望了吗？此阶段用三条左右朋友圈鸣笛有个神奇的东西要出现，制造好奇引发关注，但不做销售。

第二步加热期：痛痒结合，持续发酵

很多人发私信问："那个产品是什么？有什么效果？什么时候卖？"

我一边回复，一边心痛，为什么这么有效的产品却不能卖？于是我决定亲自去总公司谈判，来回飞了三次，终于拿下了全网首发权，独家销售。这个阶段痛点痒点结合，拉升欲望。

第三步预告期：全面预告产品（拉满购买进度条）

充分运用 W·BEFA 万能非凡公式，从产品是什么？什么功效？适合谁不适合谁？为什么你要买？错过会有什么后果？展开全面预告。"我们内部员工亲测有效果，加上这次争取了线上独家发售权"，"货量有限，每人限购 10 盒"，以此塑造稀缺性。经过了此前的预告，在上架前就已经被加购了 8000 多盒。

第四步发售期：导入产品，一触即发

该产品晚上 8 点上架，1 小时抢空 8000 盒，12 小时被抢 15000 盒。因为前面已经预热得足够充分，大家已经非常想要了。

第五步沉淀期：播报发售成绩和暗示下一次开团

这次有很多人没抢到，由于库存有限，下次继续争取，想要的可以先登记，这样下次开团又是一波销量。

再来讲一个案例，这个产品是价值 2980 元的美容仪，我们当时做发售 12 小时售出超 1500 台。

第一步鸣笛期：引发好奇，制造诱惑

私域互动调查：“你现在用的射频美容仪效果如何？有什么优点？有哪些缺点待改正？”收到了 100 多条留言，说射频美容仪效果不持久，温度太高，用得不舒服，价格太贵，等等。

第二步加热期：痛痒结合，持续发酵

朋友圈分步揭秘：射频温控高会有什么后果？会容易灼伤皮肤。射频效果不稳定会有什么后果？会容易不用了就打回原样，这都是射频人群的痛点。

为了寻求你心目中满意的射频美容仪，我们不远万里去以色列溯源，寻求有医疗背景、温控舒服、效果明显又安全的射频仪，并把溯源的过程全程直播，记录用使用效果对比视频，以图片的方式记录下来，让用户参与和见证寻找射频之旅。

此时用户已经很想要买，就等着你什么时候上架了。

第三步预告期：全面预告产品

全面预告以色列这款射频仪的优势，它是如何做到 52 摄氏度温控，全程让人舒服得要睡着。解析这款射频的技术是如何深入真皮层作用，让效果肉眼可见，而不是靠心理滤镜。

坚持用 28 天，皮肤有怎样清晰可见的变化？细腻度、紧致度都有很明显的提升，持续保养，皮肤将尽可能地保持紧致的最初状态，定格青春。

此阶段全面预告产品好处，满足痛点，制造痒点，再加上独家优惠的兴奋点，用户已经欲罢不能了。

这次不远万里去以色列跟品牌方谈，为粉丝争取到了全网独一无二的价格优惠，限量供应 1500 台特价 2980 元，超出部分按 3280 元购买。既满足了痛点，又制造了痒点，还切入了兴奋点，那一天的发售让所有人都开始期待。

第四步发售期：导入产品，一触即发

上午 10 点发售，12 小时售出 1500 多台。

第五步沉淀期：播报发售战绩

感恩大家的支持，没抢到的人期待下一次，为下次发售蓄能。

你发现了吗？一场完整的连环发售，隐藏着一个巨大的秘密，就是用户成了参与者和见证者，你不再是自我感动型销售，而是真的懂用户需要什么，从他们内心出发，带着心中的爱，去解决用户的问题，打造出他心目中的一场发售。这必须符合人性开关，发售是为了成就，而不是成交。

为什么真正能做好发售的人那么少？因为百万发售系统真的太复杂，它是集人性营销、文案成交、发售实战、修炼智慧于一体的综合系统，是一台非常精密的仪器。决定发售生死的，不是粗犷的框架，而是精密的颗粒度。

你需要提前一个月部署，必须进行周密的布局，细到每一天要做什么你都必须知道。像打造好莱坞大片一样打造你的发售，你的发售一定会火！

只要你掌握这套发售技术，你只需要少部分的人，就能创造出满意的销售额，不需要依托主播、红人，只靠自己就可以把产品卖爆，把命运牢牢抓在自己手上。

越是中小企业，越需要考虑用发售技术把产品卖好，这既是对自己产品的负责，做好造势和预告再推出，不再冒冒失失推出后淹没在竞争激烈的海洋里，也是对自己的负责，有布局、有谋略对自己的信心更是一种保障。

希望你从此刻起，学会用发售思维卖产品，先赢后战，既是赢自己的信心，也是赢发售的结果。

总结

决定发售生死的五大关键，一是你的起心动念，是为了助人，而不是卖货；二是目标，没有目标就没有方向；三是准备，卖不出去是因为准备不足；四是文案，发售方程式只是“骨架”，要想把发售做漂亮，得靠文案的“肉”来填。文案是一切的根基，文案写不好，一切都白搭；五是武器，需要借助私聊、朋友圈、社群、直播等武器全面开花。像打造好莱坞大片一样卖爆产品的五步方程式，助力你卖爆任何产品！

互动思考

你的产品如何利用发售公式重新卖一遍？

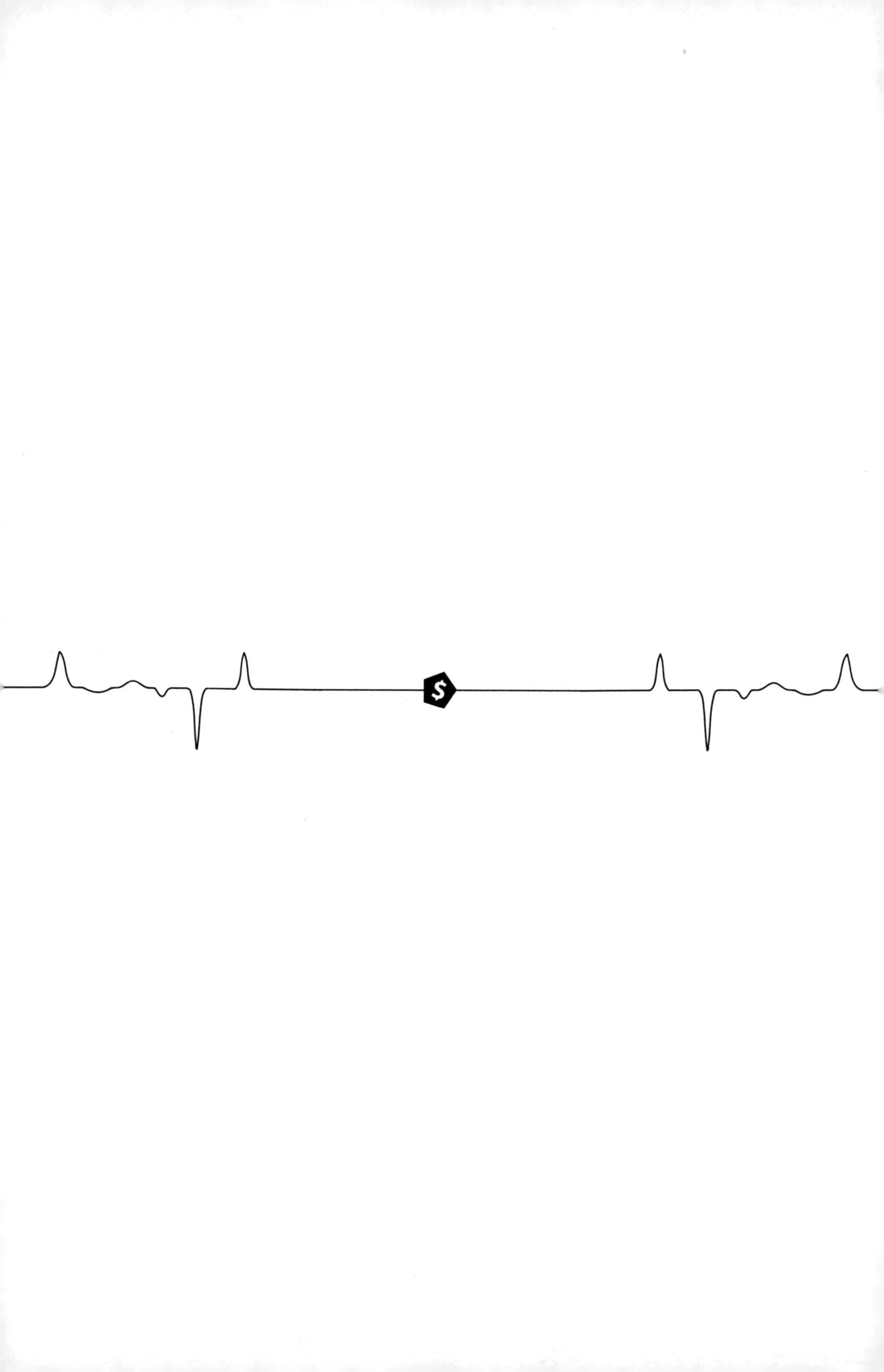

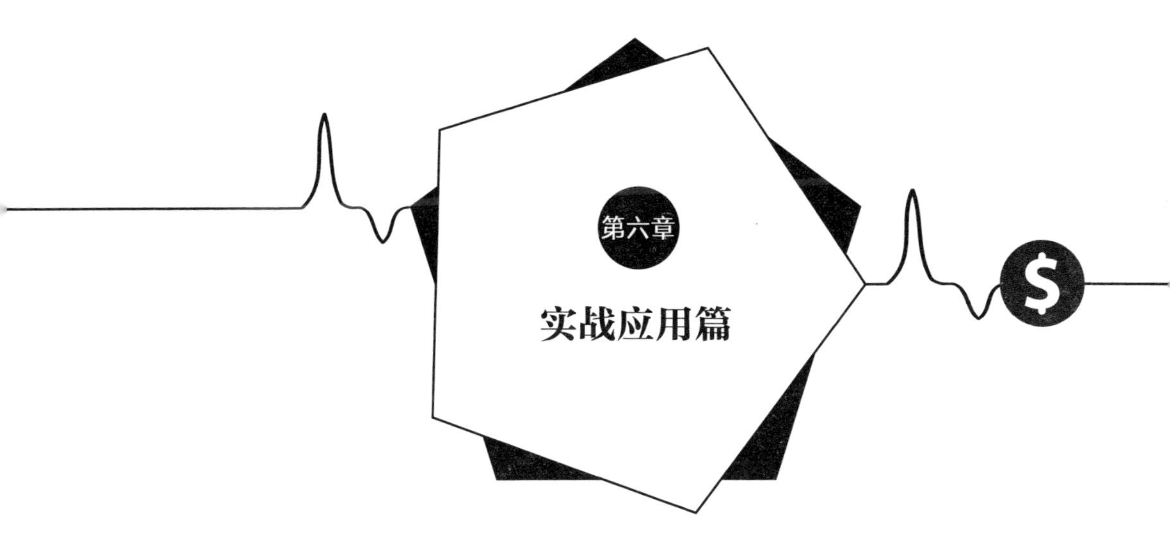
第六章
实战应用篇
$

文案思维一句话轻松搞定沟通谈判

请你带着这三个问题阅读：

1. 为什么说话是一门遗憾的艺术？

2. 谈判高手隐藏着什么人性思维？

3. 你说出口的话是情绪自动化反应还是智慧的结晶？

1. 沟通的心法

有句话说，说话是一门遗憾的艺术。你有没有攒了一肚子话却不知道怎么说，憋在心里很难受的时候？有没有明明心里是这么想的，可是说出口就变味让人误会的这种委屈？有没有很想拿下这个单子，最后却苦于不会表达眼睁睁错失机会的这种无奈？

人活在这世上，不是单一独立的个体，是处于复杂的人际关系中，有人的地方就是江湖，有谈判的地方就有遗憾。如何用文案思维轻松搞定沟通谈判，接下来的内容将会给你很深的启发。

还记得文案思维的三个核心吗？我不重要，你才重要；人们都关心对自己有没有好处；真实营销，为爱成交，高阶的爱是选择是成全。

基于这三个核心，沟通也有三个阶段。

第一阶段，求己赢。凡事据理力争，嘴下不饶人，寸土不让，眼里没有别人，只有自己。一定是别人输了，才代表自己赢了。

第二阶段，求共赢。顾全自己的利益的同时考虑对方的利益和感受，最终实现双赢。

第三阶段，求“败”。超脱利益和是非的束缚，内心不再为谁赢谁输而纠结，一心只想把这件事做到最好，关注事情的本质，求败而不败，这是最高境界的“赢”。不是赢在眼前的利益，而是赢在能量的积累，用户的积攒，人心的汇聚，赢得的是一种至高无上的彻悟和洒脱。

沟通的一句话心法：让对方赢，同时拿到自己想要的结果。

2018 年，我带团队做了这样一个案例。选中了一款以色列的美容仪。当时这款美容仪在同类竞争中已经处于奄奄一息的形势，因为对手太强大了，基本上吃掉了平台 80% 的用户。

基于我们的选品原则，只看品不看人，这款美容仪不管是温控还是效果，都比同类产品做得要好，我们决定上架。

为了让品牌方看到我们的诚意，我和团队赶通宵出了活动发售方案，并连夜买好机票赶最早班的飞机到了上海公司总部，面对面分析市场现状。

总部之前做实体，没有什么互联网推广经验，原本打算投一大笔钱在地铁和电梯广告上，听了我们的分析后，发现不合适果断叫停。企业知名度太低，做这些无疑是打水漂。最后听了我们的方案，客户采用了以点带面的推广方式，去了一趟以色列溯源，12 小时卖了几千台，接着很多人开始跟风上架，瞬间在全网的影响力就建立起来了。

但你知道吗？我们做的这些事情，从没有开口要品牌方给我们一点好处，我心里想的始终是，对方需要什么，如何才能帮助客户把产品卖得更好。如何才能让客户赢。因为真心认可这个品牌，很想为用户和品牌方做点事情，让这么好的产品发光发热。

很开心的是，品牌方因为我们的方案重新获取了市场份额，客户要做活动冲销量，价格放得很低，利润很薄。但我们很开心，能为用户带来好的产品，能为好的品牌做点实在的事情，就已经非常幸福了。

而万万没想到的是，团队做事的风格让品牌方感受到无比的诚意和用心。时隔一年后，该公司有一款精华液上市，独家授权给我们销售，并把第一批货的几千只（货值达好几十万元）毫无保留地全送给了我们，以表感谢。

当你的心里只有对方的利益，想着如何为对方多做一点，你的能量就开始聚集了。

你的一举一动就变得真诚。那时候输赢已经不重要了，心中无我执，才能真利他，你反而会收获更多。

再举个例子，你可能很熟悉。

你先生最近经常半夜回家，你既要上班又要照顾小孩，累得不行。有那么一瞬间，你觉得这个家只有你一个人在管，你心里很委屈。这一天，他又是晚上 12 点才回家。在他推门而入时，你再也忍不住了，脱口而出，“这个家是我一个人的吗？你到底还要不要这个家？”

他也觉得很委屈，在公司已经累得半死，半夜回到家还要经受这种惊吓和指责，于是脱口而出：“你发什么神经？”

于是一瞬间硝烟四起。两个人都已经情绪上脑，已经把心里的目标抛在九霄云外了。其实，你心里的目标是希望他早点回来，一起照顾这个家。他心里的目标是希望好好奋斗多赚点钱，好好照顾这个家，你们的共同目标都是为了这个家，却为了谁嘴上能争赢，差点吵散了这个家。

这时候，如果你的脑袋里能蹦出沟通的心法，也许你就会冷静很多。让他赢，但你能得到你想要的。那如何让他赢？他想要的是什么？期待什么？他想要的无非就是回到家有老婆孩子热炕头，有一句关心，一句问候。而你想要什么，你无非是希望他早点回家。

如果你能换一种沟通方式，见老公回到家立马说：“老公，又这么晚回家，累坏了吗？饿了没？冰箱里我给你留了饭菜，我去给你热一下。”

这时候你先生一定很暖。热好饭之后，你坐那看着他吃，然后问他：“老公，你这么拼，为了什么呀？”老公回答，为了这个家过得更好。你说：“那如果你每天争取早点回来，或者最近抽一段时间陪陪我和孩子，我们会觉得好幸福、好甜蜜，可以不？”然后睁着水汪汪的眼睛看着他……

这样效果是不是会更好呢？

2. 智慧沟通方法

智慧沟通需要遵循以下三步。

（1）以终为始，牢记沟通目标

不要被情绪冲昏头脑。要正知正觉，觉察情绪，像旁观者一样观察自己，在情绪当中抽离出来，顺着目标冷静、友好沟通，不要在气头上做决定，说气话。当你觉察情绪上来时，大声在心里喊一声“停”，把自己拉回来。

（2）把说变成问，问对方的期待和想法

问的人掌握主动权。把所有想说的话变成问句，让别人回答。这是最高级的沟通方法。你敢不敢试试，你和老公吵架很厉害的时候，心平气和地问一句：“老公，你怎么了？你希望我为你做点什么？”他有可能立马抱你入怀，紧紧地抱着你说：“宝贝，对不起，我错了！我刚刚态度不好！”

所以你发现了吗？问，就是寻求源泉。问，才能知道对方要什么。问，才能精准地表达爱。不要用爱绑架别人，而是用爱成全他人。

（3）让对方赢，同时拿到自己想要的结果

为什么人到了七老八十，牙齿掉光，舌头依旧灵活，因为舌头很柔软，牙齿很坚硬。柔弱胜刚强。

每个情绪背后都有一个期待，你只需要回应这个期待，就能轻松化解。

回应对方生气背后的期待，你会瞬间觉得你和对方属于同一条战线，你们是战友不是敌人。很多时候我们不愿意低头，总要嘴上争个输赢，是因为把“我”看得太重，而忘记了最初的目标。难道争吵、冷战、吵赢是你想要的吗？明显不是。

用文案思维谈判法沟通，就是能时刻看到对方的情绪，活成给予者，而不是受害者。记住，普通人的额头上写着一个字“要”，而高手要做的，就是“舒服地给”。你是要做普通人还是高手？你是可以选择的。

也许你会说，这太难了吧，我也难受，凭什么要我惯着他。心理学家阿德勒说，所有的烦恼都是课题混淆，你怎么对他是你的课题，他怎么对你是他的课题，做好课题分离，你的喜怒哀乐和人生结果需要自己负责，没有人能替你承担一切，你只需耕耘好自己的一亩三分地，不贪恋赞美和认可，你就会活得无比洒脱。

慢慢地，当你专注修炼自我，专心做好自己的课题，外在的一切风云变幻都影响不了你，你可以和人们打成一片，入什么场，显什么相，随缘不变，不变随缘。

我经常说一句话，当你的文案（你说的话）像礼物一样出现在别人的世界里，要么解决问题，要么给人能量，你不止能赚到钱，还积累了人心。

高级沟通的心法，就是让对方赢，同时拿到自己想要的结果。你不是为了求赢，你是求“败”，败而不败，是顶级的赢，赢了人心，赢了彻悟，赢了自己的洒脱。

当你真的认为我爱你和你爱不爱我没有关系，只是我爱你而已；我帮助你，和你回不回报我没有关系，那是我的善良；我温暖你并不是为了温暖你，因为我本来就是个温暖的人，谁对谁错已经不重要了，你听到了吗？

总结

任何场景的沟通，不管是同事、家人、孩子，只要你谨记文案思维沟通心法的一句话，让对方赢，同时拿到自己想要的结果，你的人生就不再拧巴了。你会时刻把能为别人做什么放在第一位，往往会有意想不到的收获。

互动思考

过去你因为“嘴硬”吃了什么亏？沟通心法给了你什么启发？你打算如何去调整？

如何用文案思维让自己秒变“万人迷”

请你带着这三个问题开始阅读：

1. 你过去的自我介绍是自我感动还是走心？

2. 为什么现在那么多打造个人品牌的人走着走着就不见了？

3. 凡人和高手最核心的区别究竟是什么？

你有没有发现，文案思维的实战适用于商业、生活的方方面面。因为文案是一切的根基，是说话的逻辑，是做事的步骤。短视频的脚本、产品的介绍等全是文案，所以你搞透了文案思维和运用方法，则会一通百通。

如今打造个人品牌的人越来越多，此刻请你思考一个问题：为什么有些个人品牌标签令人无感甚至觉得是在吹牛？

你是不是在微信上看到过很多人的介绍，写了一堆头衔，各种导师、咨询师、打造师，看起来很厉害的样子，但你看完后，并没有完全相信。

你是不是听过台上有些人自我介绍，大多开场都是，“大家好，我叫某某，我的标签是什么，我曾经拿到了什么什么结果”……听完之后心里没有丝毫波澜，甚至心里有一种“关我什么事”的感受？

这其实就是犯了写文案时典型的错误——自我感动。各位创业者，各位想通过个人品牌闪闪发光的你，想不想让别人一眼记住你，甚至主动跑来加你？要想做到这一点，你需要知道一个人性真相，那就是人们都关心对自己有没有好处。如果你一上来就介绍自己是谁，这就是典型的自我感动模式。

先来了解凡人三部曲：

- **我是谁？（what）**
- **我有多厉害，是如何拿到好结果的？（how）**
- **我为什么这么厉害？（why）**

这种凡人模式很难走进人心里。那高手都是怎么做的呢？我们看看苹果创始人乔布斯是怎么做的。

普通的产品发布会，一上来都会说我的产品多好，哪里升级了，功能多强大，你一定要买。但乔布斯一上台，没有着急介绍自己的手机有多厉害、多大的显示屏、ios 系统多厉害，而是坚定地说：

我要改变世界！我要用科技改变你们的生活！你们现在用手机的频率那么高，可是你们对自己的手机真的满意吗？每天打开手机，很卡很慢，那都是在浪费你们的生命。我要做一款手机，开机展示都是用秒计算，我要帮你们抢时间，我要做一款改变你们生活的手机，从而达到我改变世界的目的！

这一步，就是讲 why，为什么要做这款手机，做这款手机不是为了自己，而是为了改变你的生活，与你有关。

紧接着讲 how，为了做成这款手机，我在系统上做了多大的努力，在选材上做了多大的努力（反正就是很努力，很不容易）。这都是 how，讲产品是怎么来的，塑造价值，让用户知道每一台手机来之不易。其实到这一步，你脑子里面已经欲罢不能了……

最后，才说到 what。它究竟是什么样子的，它的屏幕是什么样子的，质感是什么样子的，有什么功能，等等。

我们来总结一下，非凡模式三部曲。

- **我能为你做些什么？为什么要这么做？（why，引发关注）**
- **我是怎么做的？（how，引发重视）**
- **我是谁？（what，促使行动）**

自我介绍的逻辑也一样。我曾经用非凡模式做了一次自我介绍，结果我上洗手间的时候外面很多人排着队要加我微信。

事情是这样的。有一次我受一个老师邀请去参加她的线下沙龙分享。我是最后一位出场嘉宾，在我前面所有嘉宾的开场都是：大家好，我是谁，我是什么标签，我拿到什么结果，我今天给大家分享的主题是……

我没有这么做。在我看来，每一次相遇都是莫大的缘分，我必须对得起这份缘分，我要尽我所能给你最大的诚意，为你带去我的诚意和礼物（我希望我的每次出现都是礼物）。

到我上场的时候，我是这么介绍的。

我不想说我是谁，因为我是谁不重要，重要的是你是谁，比这个更重要的是今天我们在这里相遇了。你们好不容易来一趟，有些人甚至是请假过来的，我一直在思考，我能为你们带来点什么？什么才是你们真正需要的呢？

我想到了凌晨两点，终于想到了。基于我20分钟的分享时间，我将为你们分享两点，一是为你们讲一个故事，这个故事为什么要讲，因为我希望用真实的经历，启发你们的人生。你们各位起点都比我高，我能做到的事，你们也一定可以。

二是我想为你们拆解我凭一封销售信收款105万元背后的秘密。这个秘密从未对外讲过，但是这个流程对你们来说一定很有帮助，你们的所有产品都可以用发售再卖一遍，把销售的主动权抓在自己手上，接下来就为你们分享这两点。

……

现在我可以告诉你们，我叫彭芳，江湖人称“文案女王”，很开心今天能认识你们。今天20分钟的分享，哪怕对你们有一句话的启发，都不枉我开车3小时从珠海到广州，如果你们想靠我更近，可以尝试勇敢大胆地加我，只需要给我一个真心的理由。好了时间到了，以后有缘再见。

你仔细看看，我这段开场白与别人最大的不同是什么，一是开头我没有说我自己是谁，只关心自己能否对你带来价值；二是我真心实意地分享，并且说明了我为什么要分享这个主题；三是最后我才揭晓自己是谁，给你选择的机会，如果你确信我是你想要的人，你才会勇敢地加。

为了加深你对非凡介绍模式的理解，再为你举个例子。

以下是我 2022 年 2 月 19 日万人新年演讲的开场白。

大家好，反思一下自己今天为什么会出现在这里。这是什么样的缘分，才能让你我在今天相遇。我一直在思考，今天究竟该为你带来些什么，才配得上你花 4 小时的时间，眨巴着眼睛坐在这里听我讲。我思考了很久很久，于是决定做一次大胆的尝试。

一、我花了一大笔钱，找了线下场地布置和直播团队，这一切都是为了引起你重视。

我要为你做一场解决问题的干货演讲！

二、我知道你身为创业者的压力，面对疫情反复，每天夜里都睡不着，如何不靠别人也能把产品卖好？如何把团队管好？如何能活得更开心一点？

这可能是你第一次听到的解决问题的干货演讲，第一个手把手教你“核弹”技能的实战演讲，不谈宏观，只聚焦解决问题的颗粒度。畅助教在看到我的演讲框架后说：“姐，你今晚的干货价值百万。”但我今晚要对你讲，重点还是免费！哪怕有一个点启发你，今晚我所做的一切就有意义！

总结

1. 记住，我是谁不重要，重要的是你能给别人带去什么。让自己像个礼物一样出现在别人的世界，让你的文案像礼物一样出现在别人的世界，要么帮人解决问题，要么给人能量。这个世界不缺自我的人，缺的是真正心里有别人，还愿意用实际行动做出来的人。愿你我都为他人多做一点，多想一点，愿世界更美好一点。

2. 打造个人品牌就是终身修行，你心里能装多少人，就有多少人心里装着你，你能帮助多少人，就有多少人把你托起。一切从戒除自我，真正为你好开始。

互动思考

非凡的自我介绍给你带来什么样的启发？你打算如何行动？

如何用百万发售快速引爆个人品牌（打造IP必学）

请你带着这三个问题阅读：

1. 为什么打造个人品牌要写故事？

2. 为什么同样是写故事，有人因为故事火了，有人的故事无人问津？

3. 如果说个人的故事片就像电影上映，你是导演和主演，为了你的电影票房你做了什么准备和努力？

如何最快引爆你的个人品牌？悄悄告诉你，就是写下你的个人故事，并引爆它。

IP即货架的时代到来，你的个人故事就是最强大的武器。打造个人IP的人越来越多，为什么有些人不管怎么努力都无人问津？有些人撰写的个人故事就让人瞬间记住了呢？为什么你要写个人故事，这是你必须知道的三个理由。

（1）不管你卖什么，你才是品牌。卖什么，都不如卖一个故事

故事是打造个人影响力和防止同质化最有效的方式。故事由很多画面组成，而画面跟别人的潜意识进行沟通，瞬间让人对你印象深刻，极具商业价值。

（2）人会死，但故事永存

作为一个有使命的创业者，如果你愿意留下故事，记录自己一路走来的经历，那这将是跟后人心里 Wi-Fi 连上线的最好的方式，会给年轻人一些启发，让时代记住你。

（3）故事是给自己最好的礼物

这辈子，来都来了，不干点精彩的事情是不是觉得遗憾了点。等你 80 岁坐在摇椅上回顾自己的一生，看到自己曾经写下的故事，这是对你今生的记录，也是最好的奖赏。我的很多总裁学员说，我一生平凡，没有故事，而我一句话就能把他说沉默：不是你没有故事，只是你对自己不够重视。如果你能把放在别人身上的时间收一点回来，好好回顾自己的生活，你会发现自己的人生，有太多的细节值得纪念。

那究竟，如何才能用故事引爆个人品牌呢？

有些人也写个人故事，但就是不温不火？是故事的方式不行，还是你的写作方式或者传播方式的问题？今天就为你揭秘故事引爆个人品牌的神奇三步法，尤其第三步，很多人都忽略了，这恰恰是引爆的关键。如果你写故事写得辛苦，却没有做第三步，效果会直接减半。

1. 写一个好故事

何为一个好故事，用四个字高度概括。

（1）活

你要是个活人，你的表达要鲜活。你的文字里要有情感，读起来是私人交流的大白话。所有的一切都是对“你”说，说到对方的心坎里。你可以用写信的方式写故事，小到 6 岁大到 60 岁都能看懂，更容易引发共鸣。

（2）真

你的初衷需要是真实的、真诚的。你要对你说的每个字负责。文案交流最关键的要素是信任。如果你夸夸其谈，屏幕前的人很容易觉察。这世界不缺套路，真诚才是抵达对方内心的桥梁。那如何做到真实？

首先，你的发心要正，说真话，办实事。一个人只有说真话的时候，内在力量才无穷，所谓知行合一，你说的话越真，做的事越实，你的文字就会越有力量。

其次，要有数字化细节。比如我的故事写道：我来珠海第一天只剩下 12 元钱；坐月子 42 天；做背奶妈妈整整 8 个月；甚至动了手术，三天后坚持上班……这些实在的细节，你在读的时候就能带入进来，感受到真实。所有舞文弄墨都是纸老虎，勇敢地说出实情才最动人。

（3）有

有结果，有冲突。有冲突的故事才是好故事。给你分享三个有冲突的好故事模板。

① 普通人逆袭故事模型

曾经你很平凡、很穷，最后慢慢逆袭了。

我裸辞那篇文章，讲的就是一个普通人逆袭的故事：农村姑娘放弃百万年薪裸辞，真相竟然是……

大概框架是：大山里的孩子，留守儿童，从小没有父母陪伴，7 岁就能挑 60 斤重的担子翻越一座又一座高山去集市帮爷爷卖菜。高考时家中发生巨大变故，让原本贫穷的家庭雪上加霜。高考失败，大学只上了专科，一边做兼职一边上学。毕业后从 1500 元薪资做起。做了手术后第三天就回来上班，怀孕了上班到预产期前一天，产后 42 天又回归职场立即出差飞到上海，做了 8 个月背奶妈妈。好不容易干了 13 年，终于带团队从年销售 300 万到三个亿，从三个人到 150 人，从月薪 1500 元到年薪数百万……

这就是典型的普通人逆袭的故事。为什么要讲这个故事？让用户信任，因为你也曾和他们一样平凡。也就是说，你要把自己从忍受痛苦到最后找到答案的整个过程描绘给用户，在这个过程中揉入你的个性和目标，让用户产生共鸣，最后把故事转移到你的产品和服务上。

② 勉为其难的英雄故事模型

你原来生活得很好，很安逸，但不甘于现状，你想要去追求一个新的梦想。在这个过程中，你可能遇到很多艰难险阻，一开始你稀里糊涂瞎折腾，瞎摸索，后来非常幸运，你找到了答案，走上了正轨。

当时我弃百万年薪裸辞，就是不甘于现状，想追寻梦想。看到现在很多创业者生意难做，产品卖不出，团队内耗，我真的很心痛。于是我立志用文案和私域发售帮创业者提升利润，用文字和智慧点燃更多生命。

我裸辞后，刚开始力不从心，承受了很多的打击。后来慢慢地通过努力我成立了文案银行成交系统，帮助一个个总裁实现业绩和团队的突破，慢慢找到了属于自己的节奏，也终于让家人放心。

再跟你说一个案例：

有个姑娘是回民，家里祖祖辈辈以养牛为生，家里做的牛肉非常好，吃过的人98%都很认可。家里的做法是老手艺，她觉得如果因为自己的原因，让祖传手艺失传，非常可惜。当她把卖牛肉的想法说出来的时候，反对的人很多。开玩笑吗？她现在衣食无忧，工作稳定，要出去卖牛肉？好不容易因为努力有了一定的成就，这个时候去创业，你闹什么幺蛾子？

顶着朋友的质疑，老公的不理解，公婆的反对，她一手带着嗷嗷待哺的女儿，一手策划着这份“蓄谋已久”的事业，还要把单位的工作做到让领导满意，“开挂”的人生节奏就此展开……

3年里，她的工作日程是200%的极度饱和状态；3年里，许多商铺、酒吧、KTV、小卖部都留下了她的身影，一个人经常忙到凌晨两点才睡觉。终于，功夫不负有心人，通过朋友介绍，她接到了5万元的订单，兴奋了很久都无法入眠。终于，她迎来了自己的春天……

这就是勉为其难的英雄故事，也就是说，刚开始做这件事时，是力所不能及的，经过慢慢调整，最终迎来了转机，取得了阶段性的成果。

③ 正义对抗故事模型

这个故事逻辑很简单，但是很管用。我们现在的痛苦，有很多不是自己造成的，而是“敌人”造成的。我们必须站出来勇敢发声，揭露他们的目的，要做更好的产品，对抗他们。

当你把想象中的“敌人”树立起来的时候，你和用户自然就团结在一起了。也就是说，你完全是为了用户的利益考虑的，你和用户心连心，是同一条战线上的。这样很容易引发共鸣。

比如上文那位卖牛肉的老板说：

她把市面上一些不健康、含有添加剂、冷冻牛肉的商家作为“敌人”进行标靶打击，通过差异化定位、客户评价、权威背书等，引出马家牛本味特色：传承600年回民古法秘制，专注健康美味牛肉，天然健康，不含任何添加剂，现做现卖……

为的就是保障用户吃进去的每一口牛肉都是货真价实，原汁原味的。

以上就是常见的受欢迎的三种故事模型，你可以根据自己的情况套用。

（4）神

要有神秘感。一个女人怎样最迷人？是犹抱琵琶半遮面。

写文案，引人好奇就对了，让人满足就错了。适当留白是艺术。精彩之处是在文末留下悬念。

如果你的故事能遵循这个四字原则，那一定是个好故事，接下来。进入故事引爆个人品牌的第二步。

2. 为你的故事升华一个使命

人这辈子来到世上，总该做点事情。这年头，有使命的人在前方带路。如果你做任何事情，心里只有自己，只想自己赚钱买车、买房，那谁愿意跟你一起干。低维利己，高维利他。能被你长期吸引的，一定是你做这件事背后的深远意义。

只有升华后的故事，才跟用户有关系，用户都关心对自己有没有好处。你只需要做到这一步，就能增加用户跟你的共鸣。比如你想写的是逆袭的故事，故事的结尾一定要升华，因为你吃过这些苦，摔过这些坑，所以你分享出来不希望别人再继续踩“坑”，因为你曾经苦过，所以想给身边人多一些甜。你想帮到更多曾经和你一样的人，帮助他们过得更好。

这就是升华使命，这才是故事的核心。没有升华的故事只会感动自我，升华使命的故事才能与人灵魂共鸣。引发不了共鸣自然也不会有传播。

3. 营造事件，用发售造势

这也是最关键的一步，传播比写重要 100 倍。是的，写故事很重要，可是如果写了没有人知道，那再香的酒都怕淹没在深巷里。所以你一定要传播，要引爆你的故事。做个人品牌其实就是积累势能的过程，势能越大，影响力越大。

互联网时代，如果你只是做事，很难引发关注，你要真诚地把你做的事上升为事件。故事是一个超级产品，你要善于用发售系统引爆你的故事。

我的第一篇故事就是采用发售的方式，增加了 3000 个精准粉丝。我是怎么做的呢？

（1）鸣笛期：引发好奇，制造诱惑

做私域互动调查：

有很多人私信问我在低谷期是如何爬出来的。我回顾了自己的前半生，梳理了自己平凡的人生故事。这一路过来的摸爬滚打，相信我的故事一定对你有启发。想看的话，可以点赞，回头更新了通知你。

（2）加热期：痛痒结合，持续发酵

这个阶段，我会回顾一些细节，比如团队遇到困难怎么办？业绩下滑怎么办？能量低怎么办？我是怎么过来的，想知道吗？这时候持续对故事发酵，引发更多人对故事的期待。

（3）预告期：裂变人气，全面预告

开始进入写作阶段。把写故事的花絮记录下来，比如今天坐在电脑桌旁 3 小时，一个字都没写，想说的太多却不知道从何下笔。回想一些细节的时候甚至红了眼眶。最后关掉了所有的软件，一口气写了 8000 字……

呈现一个故事。同时还会预告故事发售倒计时！持续发酵故事的热度，引发更多人的关注和期待……

（4）发售期：导入故事，一触即发

在约定好的时间内，故事“上映”。同时真诚呼吁用户，如果故事对你有一丝启发，希望你帮忙转发出去，以帮到更多人，从而引发转发传播热潮。这时候如果你准备一个礼物给转发的朋友,也会吸引更多人转发。

(5)沉淀期:感恩告白

故事发售复盘,感恩各位的支持。写一封真诚告白的信:

没想到如此平凡的我,竟然得到这么多人的关注和支持,你们对我说的每个字都刻进了我心里,往后余生我一定更加努力,活好自己,也照亮更多人。

看到没?用故事引爆个人品牌,其实就是一场自我发售的过程。就好像电影上映一样,你是总导演和主演。

想象一下,如果你把故事当作电影上映一样重视,从前期的造势到预告,再到上映宣传,环环相扣,细节拉满,影响力和势能又怎么会起不来呢?

故事效果不好,一定是以上三步出了问题。要么就是故事不走心,没有冲突,没有结果;要么就是没有升华,只顾吹牛,跟用户没有关系;要么就是没有用发售系统引爆故事,导致前面做得再好,都没有得到传播。这也是很多人犯的错误。

你很幸运,能够看到这篇,希望你写一篇你的故事,引爆你的故事,不为别的,只为能影响更多人。

人这一生中,一定要写好的两篇故事:

一是个人故事,“卖”自己,让你的个人影响力持续升温发酵。

二是产品故事,卖产品。利用销售文案,卖爆你的产品。

这世上没有营销,只有人性。记住,人们都爱听故事,这项硬技能你不惜一切都要学会。

总结

用故事引爆个人品牌分为三步：第一步，写一个好故事，我给你提供了故事的四字心法，同时还有三个故事模型；第二步，升华主题，没有升华就是自我感动，写故事不是为了证明自己有多优秀，而是给世人和自己的礼物；第三步，用发售引爆事件，写很重要，传播比写重要100倍，因为只有更多人看到你的故事，才能影响到更多人。

互动思考

你打算写一个怎样的故事？如何用发售引爆故事？

发售与文案，打通商业与修行

请你带着这三个问题开始阅读：

1. 你现在处于哪个赚钱的阶段？

2. 如何以营销在生活里修炼？你的文案属于哪个阶段？

3. 如何为自己制订合理的长期计划，不被欲望拖垮自己？

赚钱有三个阶段。第一阶段，是为生存而赚钱；第二阶段，为事业而赚钱；第三阶段，为修行而赚钱，以提升内在智慧和贡献价值为根基，不再一味地以赚钱为目的，而是开启了彼此成就的人生修行。

我一直主张为修行而赚钱。于普通人来说，最好的修行场所不是深山老林，而是滚滚红尘。

生活处处皆修行，发售营销是商业修行的绝佳场所。

1. 你的起心动念决定你的文案质量

如果你的念头里，整天想着成交，尽快收钱，你文字里难免会充斥着焦虑与欲望的味道，而如果你的起心动念里是思考这三个问题：

- 你的产品能解决什么问题？
- 如何找到这些人？
- 如何才能帮到他们？

那你就转换了思维，从卖变成帮。这是驱动力的改变。如果你经商、做事业的初心，不是因为个人私欲，而是因为梦想，强大的动力会支撑你走过一个又一个黑夜，让你不管处在什么阶段，都不会迷失自己。

那么，你的营销策略，你笔下的文字，就会充满了爱，充满了真情实感。1.0 的文案是信息，是广告；2.0 的文案是激发人性欲望的驱动力；3.0 的文案是唤醒人性至善，解决深度需求，为爱成交的人生修行。

追着成交的果会很累，帮人才是因。你需要从根上解决问题，戳痛点是为了引发重视，最后落脚点是爱用户，是为了帮用户。哪怕最后与用户没有成交，也没关系，帮用户纯粹是为了成就用户，而不是单一为了钱。

有些文字用户一看就很烦，是因为商家企图心太明显。你从文案里没有感受到一点的真心与关爱。坦白说，现在大家都被“割韭菜”割怕了，广告满天飞，要说技巧，也只能糊弄一下“小白”，你只有打磨极致的产品和服务提供给客户，才能让更多人因为你的产品而变得更好。当看到用户变好的那一瞬间，你内心的神圣感就有了，人生的意义也变得不一样。

奋斗不完全是赚多少钱，而是有无数人需要你，因为你变得更好。

2. 只成交对的人，莫把商业当“伤业”

我见过太多做知识付费的老师，换着花样招生收钱，也见过太多快速做产品圈钱的人，圈完这个圈下一个。你有没有深入想过，你真的能帮助和服务好这些人吗？

适度的欲望要有，那是驱动你前进的动力，但是过度的贪欲会把你拖垮。

如果你这个月赚 100 万元，下个月想赚 150 万元，欲望不断拔高，哪怕你赚到了更多的钱，你也很难快乐。你的内在是匮乏的。还有很多人，为了赚钱，把健康搭了进去，长期喝酒熬夜，压力大，最后身体伤了，钱伤了，人伤了，商业成了“伤业”。

不合适的客户不要接，不该赚的钱一分不赚，不被欲望拖着跑，你的内心会无比洒脱自在。尊崇自己的本心，开心轻松地去做一份事业，不受欲望控制，拥有合理的回报，长期主义才是最幸福的事情。

3. 文案是表象，爱才是真相

为爱成交里，初阶的爱是以回报为前提的爱，高阶的爱是选择，是成全。你做的一切事都得对得起天地良心，你知道这世间术能讨人欢心，能赚钱，但最终能让你持久的一定是真诚、利他、以心交心。

如果你正在经历着挑战、揪心、痛苦，正是你离成功最近的节点。

不要抱怨，把这道题做好，成功不远矣。

修行就是修一颗无我利他的心。当你面对不合适的客户抱着钱来找你，你勇敢拒绝时的洒脱，这是修戒心；当你的字里行间全是真情实感，是真心解决问题而不是卖弄文采，这是修真心；当你一次次地面对挑战，却依然爱着这个世界，文案写得越来越好，这是修圆融；当你付出真心，最后没有成交的那一刻，你内心的淡定洒脱，这是修智慧；当你经历一次又一次的打破、一次又一次的重组、一次又一次的否定、一次又一次的爬起再前进，这是修勇气……你会发现在那些瞬间里，每一处都是修行。营销处处皆修行。

自私自利只会生出自私和渺小，无我利他才会生出智慧和力量。你能帮助多少人，就有多少人反过来托起你。当你不求任何回报地去给予去奉献的时候，你会得到无比的快乐。你的营销策略和文案才会真正走心。

凡事不要只考虑自己，要多为对方考虑。只有去掉了自私、自利，你才能够自在。修好自己的心，一切境遇都会随心转。

总结

1. 真实营销，为爱成交。初阶的爱是以回报为前提的付出，大脑权衡值不值。高阶的爱是选择，是成全，享受自由意志。抱着爱的心去成就，而不是抱着为了利益的心去成交。

2. 用无为的心态做有为的事，用出世的心态做入世的事，你的善良会带你冲破一切考验。这是一场持久战，希望你再忙再累也要按时吃饭，照顾好自己的身体和情绪。因为只有你好了，你才能帮到那些你想帮的人。

互动思考

你现在是为修行而赚钱吗？如何打通你的商业与修行？

走心销售信

01

农村姑娘弃百万年薪裸辞，真相竟然是……

这篇文章是一封很成功的自我发售销售信，也掀起了全网模仿这封信的热潮。因为这篇文章，我精准涨粉 3000 多人，被动收款 100 多万元，到目前还有很多企业和老板因为此文章加我，直言要跟我学习和合作。我与你分享。

亲爱的朋友：

给你写这封信的原因，是想亲口告诉你，我离职了。

视频里的这个农村姑娘，从小家徒四壁，借钱过活。毕业月薪 1500 元，好不容易干了十来年，终于年薪百万。可今天，她选择了裸辞。

这背后的真相是什么？也许会深深地启发到你。今天我就一五一十地说给你听。

2021年2月2日，我提出离职。2021年3月31日，交接完成，裸辞完毕。你肯定很惊讶。你疯了吗？为什么？不是干得好好的吗？好不容易拿到了年薪百万，为什么要裸辞？

你现在心里可能还有点难受，也想问问我难不难受。其实，我心里也是不好受的，而且我难受的情绪经历了三个阶段：

第一个阶段，做决定前的挣扎。

对团队的不舍，对未来的恐惧，心里难受。

那种难受是至暗时刻，无法与人倾诉。只有在夜深人静的时候，自己跟自己对话。我一度问自己，你到底想要什么？

第二个阶段，开口说出决定的绞痛。

2021年2月2日，我跟老板提完辞职，这个年基本没过好。老板也没过好。

特别是在管理层会议上，我官宣自己即将离开的时候，全程都是仰着头。因为保持这个姿势，眼泪才不会掉下来。

第三个阶段，倒计时离开的不忍。

坐在办公室里，听着外面噼里啪啦的键盘声，感受这群家伙们最后的忙碌；上洗手间遇到同事，他们叫我时眼里带着光、欲言又止的模样；还有同事时不时推门进来，彭总，这个送你，彭总，彭总……一声声叫唤像无数个虫子爬在我心头，我于心不忍。

但亲爱的，你不要担心，今天给你写这封信的时候，我心里已经非常坦然，全身每个细胞都很放松。

因为我已经度过了这段时光，找到了新的目标，开启了新生活。

不过，此时给你写这封信，让我不禁回想起以前的片段，鼻子突然很酸。

2011 年，我做完一个很严重的手术，正好公司有事，我住了 3 天院就回去上班了。

坐在硬板凳上，我痛得眼泪打转，依旧强忍。晚上 6 点，去医院做完蓝光，再回去上班到夜里 12 点，然后整夜失眠，因为那种锥心的痛让我根本无法入眠。

2015 年，我产后 42 天上班，去上海出差摆展。我从早上 8 点站到下午 6 点，期间乳房一度涨奶到像石头一样，痛却无法言语。

2017 年，公司遭遇严重挑战，我和老板连夜赶往阿里巴巴谈判，事情紧急，如果谈判失败，给公司带来的是致命性的损失。

基于特殊性，当时只能由我单独和对方谈判，在一个封闭的办公室，整整谈了三个小时，在跟对方真诚友好沟通完，限制解除时，我飞奔到老板面前，紧紧地抱着她说，“老大，搞定了，我们没事了”，那一次，我们两个人都哭了。

干热爱的事业，遇到开明大义、有智慧的老板，带领真诚实干的团队，我真的很幸福。

干了 13 年互联网运营，我也完整地见证了一个互联网公司的三起两落。

第一起，2009 年做代购的时候，因地理优势和人脉资源，积累了第一批客户。

第一落，2011 年形势所逼第一次转型，积累的客户无情流失。

第二起，2013 年抓住了聚划算的风口，当时成了最吃香的 KA 商家。

第二落，2014 年后聚划算没落，我们被迫第二次转型，业绩最低时一个月只销售了 58 万元。

经过前两起两落之后，我们痛苦地发现，跟着流量风口走，根本无法掌控自己的命运。

客户跟你一点感情都没有，生意做得很累，而且赚不到钱，每天都很焦虑。我们必须形成创始人 IP，打造个人品牌，提升影响力，才能把客户变成追随我们的粉丝，最终形成企业的终身资产，才有抵抗风险的能力。否则你今天赚的钱，明天就未必能赚到。

换句话说，你手头有忠实客户，你卖什么，就火什么，你在哪里成交，客户就追去哪里。

于是，2016 年，我们开始深耕私域运营，成立了微信部门。

事实上，大部分人在 2020 年腾讯大会上，张小龙站台说私域经济的时候，才听到“私域”这个词。而我们早在 2016 年就开始落地，有规划、有方法地实干了。

因为做对了事情，我们迎来了第三个起。

· 2015 年月销 100 多万元。

· 2016 年月销 300 多万元。

· 2017 年直接月销 1200 多万元。

· 2018 年后稳步上升 2000 多万元、2500 多万元、2800 多万元……

更不可思议的是，2017 年，我仅靠 28186 个微信好友，创下了 1.3 亿元的销售额，单个粉丝价值远超 4333 元，从此声名大振。

2018 年，我们响应电商法，归零重启。

同时做好了 2019 年业绩会下滑 30% 的准备，毕竟一个微淘粉丝都没有了，金冠信誉也没有了，一切都从零开始，但神奇的是我们 2019 年业绩没有下降，反而提升了 20%！

很多人登门拜访，问我们是如何做到的？你也很想知道吧？原因很简单，那就是深耕品质 + 服务，选最好的产品，无自用不分享。做同行叹为观止的服务，在此基础上做好私域系统运营。在这套系统里，我们干了 6 件事。

1. 客户分层运营模型（分层运营做得好，业绩高，还不累，20% 的超级用户可贡献 70% 以上的销售额）。

2. 百万发售文案成交模型（销售长文案，朋友圈短文案，都极具杀伤力，70% 以上客户自动成交）。

3. 一对一私聊服务模型（暖男策略，转化率极高，客户追着你下单）。

4. 极致服务流程模型（把时间放在用户需求上，做同行没做过的服务，用爱服务）。

5. 共赢组织架构模型（团队怎么分工配合，怎么激励，人才是激励出来的）。

6. 精准引流模型（吸引精准客户，你做的事情才有价值，你要的是质，而不是量，否则好友越加越多，人越请越多，业绩就是干不上去）。

如你所见。在大部分人靠灵感摸索干私域的时候，我们已经开始了系统化、流程化、数据化。只有这样，你才能做到规模化。

过去我们做成了什么？花 30 秒钟看一下数字总结。

· 个人品牌私域粉丝从 0 到过百万。

· 不花 1 分钱打造爆款从 0 到上千个。年销售额从小几百万到将近三个亿！

· 从三个人的家庭作坊到现在 100 多位员工的企业。

· 而我也从基层月薪 1500 元到现在年薪破百万。

我对团队很有信心，深信企业一定会发展得越来越好！而我则在 2021 年 3 月 31 日选择从高处谢幕。

关于我裸辞的原因，你一定很想知道，那就来说一说。

14 年的职场修行让我知道，赚钱有三个阶段。

第一个阶段，为生存而赚钱。

每天忙忙碌碌为了生存糊口，谈不上理想，只想吃了上餐还有下餐。2009 ~ 2014 年，都是为了生存而赚钱。

第二个阶段，为事业而赚钱。

每个人心里都有事业梦，当你的生存问题解决时，就想真正干点实事。想让团队的人赚到钱，自己也自然而然地赚钱。2015 ~ 2020 年都是为了事业而赚钱。

第三阶段，为修行而赚钱。

来到这个世界，总该要做点什么，留下点深刻的意义。这是我从去年开始思考最多的问题。这个阶段，不再是为赚多少钱而开心。真正让我开心的，是分享的智慧让你进步，提供的方案让你受益。我跟自己成了很好的朋友。甚至很多时候，心里不再是装着自己，或者身边几个人。我心里装的还有，远方的你和更大爱的天下。

归根结底，一个 35 岁的女人，有使命，有梦想。想为社会做点有价值的实事，想带领一群志同道合的人在阳光下奔跑，用文字和智慧去点燃更多生命。

亲爱的，谢谢你看完了这个 35 岁女人的故事。不要为我担心，更不要为我弃百万年薪裸辞而可惜，人生本就是一场修行。凡事发生皆为成就！

往后余生，我会坚持正心正念，诚意正心的修行之路，走好下一个 10 年，再下一个 10 年……请不要现在问我裸辞后要干什么，坦白告诉你，我还没想好，我想静静地好好想一想我的下一个 10 年，下一段人生。

你会等我的消息对吗？

祝你幸福！

真诚的彭芳亲笔

02

对不起，我不卖！（但你可以偷偷欣赏）

这封信引发了很多人对这本宝藏书的“垂涎”，引发了强烈的长尾效应，很多总裁因此要报价值数万元的线下课。

引言

江湖传闻 1 万元一本的宝藏书，究竟是何方“妖”物？

亲爱的朋友：

不确定你我是否见过面，但我知道三件关于你的事。

1. 你沮丧，忙碌了一整年，依旧没有攒到你想攒的钱。工作太辛苦，工作时间太长，但经济回报很少。

2. 你厌倦了把时间和金钱浪费在没有效果的课程上。你知道学营销文案能让你走出困局，提升收入，可钱花了不少，却一直看不到效果。

3. 你压力很大，孩子、车子、房子、工作、家庭，每天无休止地撕裂你，你很累，情绪容易受影响，却只能默默咬牙扛，甚至还会失眠。

如果你对上面任何一条陈述的回答都是“是”，尤其是中枪第二条的，那么接下来这封信，你一定要逐字逐句认真读完。

你知道为什么学了那么多，也看了那么多书，可依旧对营销毫无头绪，下笔一片空白吗？当你读完这封信，你就会有答案。

你是不是以为写销售文案厉害的，都是专业人士，要么名校毕业，甚至干过广告公司高层？

你是不是以为写一篇文案卖货几百万的人，全都是天赋异禀，灵感信手拈来，老天爷赏饭吃？

错！不是这样！

销售文案大咖，应该是坐在键盘后面的顶级销售员，而不是小说家、情感专家，更不是艺术家。

根本不需要什么天赋，很多销售文案大咖上学时作文水平中等；也不需要多么高的学历，有些是专科，有的还挂过科。

更不需要什么专业背景……

我培养了一大批超级写手，其中有个姑娘，她之前连文案是什么都不知道，朋友圈三天可见，常年不更新。经过我的系统指导后，她写了很多爆卖文案，其中一篇文案卖货 447 万元。

不可思议对吗？

为什么有人写东西会痛苦？质量不稳定？而有些人写东西很轻松，每次都能达成销量预期，甚至超过预期销量，其本质的原因就是……

普通人写文案靠灵感,高手写文案靠系统。那什么才是真正的“核弹级”人性营销文案系统呢?

你在市面上也见过一些文案模型，有教你写标题的，写开头的，还有写朋友圈文案的……你学了一些，看到一些效果，可是写着写着就卡住了，再往上提升就遇到瓶颈。如果你只在“术上求”，不在“道上攻”，那你学到的只能是雕虫小技，威力有限。

其实每个人都有所长，人性营销文案根本不需要文采，你也无须学那么多套路，你真正要做的是把内在激发出来，点燃你内在的心灯，你需要的是启发而不是答案。

真正的实战老师，不会沉迷于教你一个个的“术”来彰显自己的实力，而是潜心为你铺上厚厚的“道”,让你在通往四方八达的路上走得越来越稳。如果你想要真正的蜕变，必须“道术结合”。了解人性，理解成交的本质。人最害怕什么，最渴望什么，你什么时候把人性搞懂了，你的文案就有杀伤力了。

当你真正悟透人性营销的“道”，你自然而然就会写文案了，就好像拥堵了很久的下水道，突然被畅通的感觉，你会迸发出源源不断的灵感……

你会拥有自己的风格，而不是同一条流水线出来的复制品。我知道你想与众不同。

我从2014年开始带团队，无数次摔倒，再爬起，再摔倒，再爬起，心上早已起了厚厚的“茧子”，从最新上架卖三五件，到12小时成交

10000 件、20000 件……

在不断地试错、修改、提炼中，把所有营销和文案精髓，浓缩成了这套呕心沥血的文案银行成交系统。

这是基于人性营销和销售文案实战糅合、威力无比的系统。一推出就轰动了江湖，一小时实收款 105 万元（注意不是定金估算，是实实在在的 105 万元，3 万元的线下课，1 小时抢空）。

目前有线上密训和线下课两种形式，学过这套系统的人，都找到了自己的“道”。从内在彻底打通了自己，写得越来越好，甚至比我写得还要好！重点是，每个人的风格都不同，不是流水线出品，而是你打通自己后的创作，属于你自己的独一无二的作品。

跟你说个有趣的事，我的学员最开始接触我，都会觉得“哇，彭芳太厉害了，实战威力太强了”。跟我学习一段时间，慢慢地发现，“我的天，原来我自己这么厉害啊，我完全可以超过彭芳啊”！

对一个老师最大的爱，就是努力他。目前跟我学营销文案的人，很多都比我写得好了。

而我的使命，就是为了让你踩在我的肩膀上去，少走弯路。

还有谁不知道我的零风险承诺？以线下课的零风险承诺来说，学完没有赚回学费，全额返还，额外补贴 2000 元！

你是不是觉得我傻了，做这么离谱的承诺？

你知道，谁的钱都不是大风刮来的，我愿意为你的结果承担全部的责任。当你交给我钱的时候，也许你未对我的价值有足够的认可，而是愿意给我一个机会，让我一步步展示给你看，我说的都能做到……

倘若最后真的没有做到，我没有资格收你的钱。这是我做人的原则，也是我做事的底气，比起钱，口碑和诚信对我更重要。我在乎你花的每一分钱，也心疼你付出每一秒时间……

这是我的处事态度，更是我的终身修行。我心安理得地赚每一分钱，内心无比通透潇洒。

上一期有个 58 岁的姐姐，就是因为我的承诺而来，分开前的那一刻，她抱着我，红着眼睛在我的耳边说：“三天的课结束了，我终于知道你为什么敢说出那句话了！你有这个实力。”当时听到这句话的时候，我的眼泪在眼眶打转，最后没忍住流了下来，是我的心里在感恩，感恩学员对我的每一分信任。

为了帮助你更扎实地完成目标，我把全部的秘密写进了这本书里。我知道你前行路上坎坷无数，我一定要给你十足的安全感。

这本书，就是我给你的安全感，它绝对不是放在桌上积灰尘的“花瓶”，它是帮你攻城略地的“尚方宝剑”。这么说吧，得到它的总裁们，都情不自禁地把奢侈品包换成了更大的包以便装下它，每天上班下班都背着，寸步不离。

你不得不选择这本书的几个理由：

1. 颜值高。不管是封皮的设计还是材质，都是我精挑细选，打了 15 个版，最后拿到它的那一刻，我的心里有一道光闪过，是心动的感觉。

2. 内容具有“核弹”威力。任何时候，只要你翻开它，就能感受到巨大的能量，每字每句都是我注入爱写的，就好像我在你身边手把手教你一样。

3. 顶级心法时刻打通你的任督二脉。它启发你做自己的老师，其实你真的很优秀，只要你按照这个心法写，什么时候都不缺灵感。

4. 收录了卖货10亿元的精华文案。你可以放肆地欣赏、套用、改编，发出去就有收获。

5. 不为人知的文案写作“一戒律、三铁律”，高手和“小白”的区别在哪里？三个字就能让你明白。

6. 无法抗拒的成交主张。人性营销顶层设计，只要你这样做，90%的目标客户都跑不掉。

7. 彭芳独家故事秘籍。故事是你和别人拉开差距最快速的方法，按照这个方法写，故事就是如喝水、吃面包那么简单，对着填空就好了。

8. 如何写出打败竞争对手的文案。90%的人只做理性准备，却忽略了一项感性准备，感性才促使人行动，书里教了你绝密方法。

9. 12个塑造王牌价值的“核弹”秘诀。你是要扯破嗓子叫卖，还是别人主动求着你买？秘密就在这里。

10. 优惠吸心大法全揭秘。怎样报价才让用户觉得太划算了，不买就太亏了，连觉都睡不着……

11. 像连续剧一样的朋友圈布局。让人家死心塌地地喜欢你，心甘情愿为你付费的好价值朋友圈如何布局？

在撰写以上“子弹头”时，我的心一直都在怦怦跳！每次翻开目录，都会看到停不下来！为了你能拿到好结果，这颗心操成了饺子馅儿！但是好开心，好幸福！我敢打赌，不管你任何时候翻开，都会有肾上腺素飙升的感觉。就是因为它太让人着迷了，很多人想要得到它，甚至愿意出资一万元来买，直播间一大群人说要来“偷书”，但这本书仅供线下课总裁专属。

这一次闭关升级，重点把人性营销和文案深度结合，如果你用书里的心法打通自己的任督二脉，用这样的方法设计营销策略、成交主张，你的目标客户真的很难拒绝。

我不喜欢高压销售，也不喜欢焦虑文字，高阶的爱，是选择，是成全，是让客户愉悦，舒服地找到你，主动给你送钱，还期待有下一次。

目前，升级后的宝藏书进入排版制作中，12 月 17 日，来到现场的总裁们，我会把刻着你名字的这本旷世珍藏宝藏书，亲自送到你手心！

如果你真的很想拥有一本刻有你名字的书，那就持续关注，心里默念，缘分到了，自然就有机会了！

真诚的彭芳亲笔

PS

实不相瞒，这本书，我自己都爱不释手，我现在写下的这封信，就有很多灵感和词汇，全部来自这本书。

一封家书：写给看完这本书的你

亲爱的朋友：

见字如面。

01

当你读到这封信的时候，这本书已经接近尾声了。而此刻，我正在给你写信。

现在是深夜 12 点 45 分，对面那栋楼的灯全都熄灭了，马路上静悄悄的，我从窗外向下看了三分钟，一辆车也没有经过。书房里很安静，连我的呼吸声都听得清。我用手挠了挠手臂，扭头一看，一个硕大的包立在哪里，可爱的蚊子不知何时深吻了一口。我盯着电脑上密密麻麻的文字，终于，这本书我写完了。

为了它，我沉淀了整整 14 年，每天早上 5 点 45 分起床，写了两个月。

两度闭关 8 天打磨无数遍书稿，终于完成了！

这些天陪我度过的，只有这台时不时承受不住负荷而死机的电脑，和装满却总忘记喝的那杯纯净水。

此刻的心情就像肩上站了一只蝴蝶，很兴奋，很紧张。不知道你读到这本书的那一刻会是什么心情。回想自己为什么要写出本书，原因很简单，那就是裸辞创业后立志用文字和智慧点燃更多生命。营销文案是我终身修行的方向。这一路走来，我跌倒过，爬起过，再跌倒，再爬起，每次的跌倒、爬起都给我的营销路添加了厚重的生命。

我希望把这些年沉淀的完整心法和战术像老母亲一般，毫无保留地分享给你，每次你开心也好，焦虑也罢，只需要翻开这本书，安静地读上 5 分钟，就能感受到全身有一股暖流经过……

心慢慢地平静下来，眼前困扰你的问题，突然“啪”的一声，似乎通了。它不是一本工具书，它是陪你修心的智友，也是陪你征战沙场脱鞘而出的宝剑。

02

如何布局这本书，我思考了整整三个月。

坦白说，这是我第一本对外出版的书，而在此之前我免费分享了超 30 万字的干货，至少帮助 500 多位创业者提升了利润。为了让这本书达到你翻开 5 分钟必有收获的目标，我的写作要求很严格。

关于阅读体验。我想要的感觉是，你阅读时，仿佛我坐在你面前，笑眼弯弯地为你泡上一壶好茶，听着轻柔的古风音乐（那首我最喜欢的《水墨兰亭》)。你我促膝而谈，好像你所有的心事我都懂。我温柔地说出心里话，你顿觉心里有清风拂过，慢慢地把纠缠很久的难过和压力一点一点释放。

就这样，我们聊了很久，我教给了你实战 14 年拿到战果的“帝王术”，你惊叹原来干货也可以这么丝滑，一听就懂，你心里重新燃起希望立马决定回去大干一场，我目送你远去，心里祝福你越来越好。

关于内容。我对比了市面上超过 50 本营销和文案类的书，市面上的书要么全部讲“道”，要么全部讲“术”。而这一次，我率先决定，采取一种全然不同的写作方式，不沉迷于教你“术”，而首先在“心”上唤醒你，再助力你把“术”用出灵魂来。

从心定义，真实营销，为爱成交。为什么刚开始要讲修心？如果你的情绪每天翻江倒海，因为一点小事就起伏不定，找不到自己的价值感，哪怕你学再多的方法都用不上，无法成为一个心有大爱的文案高手。

修心的部分，如果你认真看完，你会突然发现，那些像毛线球一样缠绕你的心事，突然间顺溜地解开了。每件事的发生都是毫无意义的，是你的看法和信念决定了这件事的结果，从此刻起，你要积极转念，重塑信念系统，凡事发生皆为成就。

03

每件事的发生都是无意义的，是你的解读赋予了它意义。

你觉得自己奋斗了半辈子一事无成，很失败。对这件事你可以有两种解读。第一种是，你认为这辈子就完了，不可能再有出路了。第二种是，过去的努力都是扎根打基础，只要你继续认准目标，死磕到底，总有一天会熬出头，这颗种子一定会破土而出。

选择了第一种解读，你这辈子就真的完了，遇到任何事情你都会抱怨，出身不好，社会不好，工作不好。而选择第二种解读，你会寻求新的突破，只要努力就问心无愧。两种解读，决定两种不同的人生。

情绪 ABC 法则，A 是事件，B 是看法，C 是结果。是 B 看法决定了 C 结果。如果你觉得是好事，事情就往好的方面发展，如果你觉得是坏事，事情就会变得越来越糟糕。

有些事情我们无法改变，但我们可以改变对这件事的解读。凡事发生皆为成就，要么助你，要么改变你，积极转念的人生，就是快意人生。

紧接着，为了让你轻松写出走心的文字，我毫不吝啬地把 14 年沉淀，浓缩总结的 13 字心法倾囊相授。如果你去运用，你的文字即将发生改变。我知道你不喜欢千篇一律如流水线般的文字，心法就是让你做自己，跳脱出框架的束缚，把原本具足的自己表达出来，万法归心法，相信这 13 字的顶级心法会让你的文案水平再上升至少两个层级。

04

要想成事，除了“佛祖心”，你还得有文案营销“帝王术”。

这是我第一次系统公开 14 年实战的全部秘籍。14 个卖点必杀技让你打赢同质化竞争这场仗；引爆个人品牌原来还可以这样；百万发售助你卖爆任何产品；等等。

究竟怎么做，书中都给了答案，相信你一定能很好地运用在你所在的行业，把国学智慧应用到营销文案上，修身又养心，赚钱是水到渠成的事。

这世界上只有真心换真心才能走得长久。一路走来，你会发现有很多八面玲珑、能说会道的人，攻心术，修人性驾驭术，但这是“术”，而“道”是真诚、靠谱、良善，是将心比心、以心换心、利他之心。万法归心法，心法是万物根源。最低的策略是套路，最高的策略是人品，你心里爱多少人，才有多少人爱你。

写到这里，我的心像吃了一大包饼干，猛喝了一大口水般痛快。我脑海里甚至能想象到你读到书中的某句话、某个观点、某个方法后打通任督二脉后的热泪盈眶。可能那一刻你突然很想跟我对话，想亲口告诉我，你心里的结打开了。没关系，如果你想说，就在心里对我飞鸽传书，也可以勇敢地向我当面表达，我期待收到你爱的回流。你说好不好？

最后我想问你几个问题，假如生命只剩下最后 5 分钟，你会做什么？假如生命只剩下最后一个月，你会做什么？假如生命只剩下最后一年，你会做什么？不用着急回答，仔细思考一分钟。

是不是想做自己想做的事？想好好陪陪爱人，陪陪家人，想安安静静地跟自己待会儿？

有没有发现，人到离开的那一刻都会觉醒。既然都会觉醒，为何不在此刻觉醒？

这辈子你我活成什么样不确定，但结局都是一样的。我们活着的每一天都是倒计时。活一天赚一天。这一天你是开心地过，你就赚到了快乐，这一天你要是悲伤地过，你就浪费了快乐。活着是要赚钱，但不仅仅为了赚钱。假如有一天，你只是去爱而不是为了求回报，你只是去做，而不是为了求成功。用无为的心态去做有为的事，日行一善，这种人生，才是真正的快意洒脱。

真实营销，为爱成交。文案是表象，爱才是真相。如果你想帮助人离苦得乐，你文字里的真情流露自然显现出来了。你本就是文案高手，做自己的高手。赢了昨天的自己就很了不起。

05

最后，我有一个小小的请求。

14 年提炼的 13 字顶级心法，一定牢记背诵，好吗？因为心法抵过一万个公式，会在你想要自我感动的时候把你拉回来，回归内心，从心出发。

感谢给予我支持和帮助的每一个你，我们一起努力为社会做点实事，用文字和智慧点燃更多生命。往后余生，一起快意人生，笑傲江湖！

如果你觉得这本书对你有帮助，请分享给身边重要的人，谢谢你的无私和善意！

祝你越来越好！

真诚的彭芳亲笔

2022 年 8 月 20 日凌晨 1 点 43 分

PS

答应我，如果这本书对你有启发，记得送给身边重要的人，也许你的一个善举，就能帮他走出迷局。我替天下人谢谢你的善意。

这本书，我把价值万金，让你文案脱胎换骨的顶级心法和技法都教给了你，旨在培养你扎实的文案内功和发售思维，为你的百万发售打下坚实的基础。下一本书，我将教你如何更详细地做发售，正在撰写中，请拭目以待。

记住，我希望你踩着我的肩膀上去，你要超过我，才是对我最大的爱，你听到了吗？